如來世 4

因果論二

倍姬作品集

倍姬 著

楊序

楊子敬
前任刑事警察局局長
現任潤泰集團安全總顧問

如來世，如來的世界

「如來世」是本冊的書名。「如來」是作者筆中的「祂們」、「老天爺」，可能是一般人心目中的聖母瑪麗亞、觀世音菩薩，或是佛陀、耶穌，或者是摩西、媽祖，或許是阿拉眞主、土地公……等等。總而言之，就是引導世間人踏上「爲善」之道的「聖者」。而作者，只是「祂們」最忠實的傳話者——即席翻譯機器。

因爲「祂們」存在於作者所謂的「另一時空」，或一般人所稱之「靈界」，或許祂們的「磁波」跟世間人稍有不同，所以必須藉著「通靈人」，才能將祂們的相關訊息——指點迷津曁解惑之道，傳遞給世間人。

據了解，作者並無熱中的宗教信仰，而常提「祂們」只是代表這些「聖者」的象徵性統稱。作者認爲，如來的世界就是衆多「聖者」共容的另一個「大同世界」，是惟善至上的「淨」界。隨之，作者的因果理念也跨越任何的宗教。

所以，研讀作者著作的讀者，並沒有侷限在某些特定宗教的信徒。所以，作者在美國所舉辦的座談會，連「ㄚ度仔」也報名來參加！

如來世，如來的世界，一個「靈異」的世界。一個世間人很陌生的遙遠「時空」。正如作者說的，每個通靈人所形容的靈界，似乎就像是「瞎子摸象」，各說各的。

「靈異」的世界，是否眞的存在？長久以來，一直沒有具體且科學化的根據可稽。縱然不知道如來的世界，我們也能過活；認識如來的世界，我們照樣得辛苦過日子，所以，作者勸大家千萬不可執著，不要迷信，應該活在當下，遵守現世時空的「法、理、情」，爲自己所作所爲的一切負責，這才是最重要的人生修行課題。

如來世，如果有來世

假如有來世，假如「因果輪迴轉世」是眞的，我，前一世的「因」是如何？這一世的「果」到底是還債？討債？或是既還債又討債……。至於下一世的「我」，又因爲這一世所種下的「因」，會帶給「我」自己什麼樣的「果」報呢？

假使眞的有「因果輪迴轉世」，爲了在未來世得善「果」，日子可以過得心安理得，那麼在這一世裡，一言一行、一舉一動，都必須要時時用心、處處留意。盡可能的多播種善「因」，絕不留下惡「因」，遺憾後世！

如果有來世，人人爲了來世，今世就得兢兢業業經營——「學習」與「服務」。生命原來有因有果，生生世世的歷程就是學習與服務。

學習：「多做——該做的事，遠離——不該做的事。」

服務：「走到眞正需要幫助的地方，服務眞正需要幫助的人事物。」

當大家學會了、也做到了毫無期待地付出與服務，那就是「行善」！就是「修行」！那不就營造一片極樂世界——如來的世界。

善哉！善哉！

祝福各位

二〇〇五年三月飄雪夜

附記：我對宗教並沒有深入的研究與了解，本篇序文純屬個人的見解。

目次

因果病／108

職業

高雄的政壇正在大刀闊斧進行掃除黑金的行動。然而，又有哪個執政者？哪個檢調單位？敢動台灣宗教界這個眞正「大吸金機器」的一根寒毛呢？爲什麼披上了宗教、掛上了「濟世救人」的招牌，就像是擁有了一張「免死」令牌？走上宗教這一條路，和別人有什麼不一樣呢？

還不是一樣，只是「職業」的一種罷了！

其實好好想一想，在日常生活當中，我們似乎常常這樣——「那不關我們家的事」、「能夠少一事，就少一事」、「別人沒意見，我們也不要管」……。類似這般的生活態度，也許可以讓我們少惹一些麻煩，但是，是否就因爲這樣而「阻礙了別人的成長」呢？這種「冷漠」與「姑息」的態度，是否在你我的生活中，處處可見呢？婚宴遲到，才是正常；開會程序亂改，見怪不怪……。

如果想數說別人的不是，想批評社會的亂象，是否應該先回過頭來，反省自己的所作所爲。

別人也許眞的錯了不少，可是，我們一點錯都沒有嗎?對方的「錯」，是否就是我們的「冷漠」與「姑息」溺愛出來的?

如果你了解了「因果輪迴轉世」是怎麼一回事之後，還想要靠「宗教」、「通靈」、「五術」……等等，混個名利，可要小心了!本文所有的案例，不是我憑空杜撰出來的，如果你不以爲然，可以來參加座談會，當場「親身經歷」一下。見識見識「職業」會帶來什麼樣的因果。請參考本書頁十六的因果故事——「廢了」。

先把「眞情」說在前頭，免得誤了你的大事。根據我的經驗，如果你是「不上道」的人物，所謂不上道是指你的職業是法律不允許的，所作所爲傷天害理，昧著良心謀得利益。那麼給你一個良心的建議，請「千萬」不要來找我。因爲你的「不請自來」，就會在祂們那兒自動有了「更新的資料」。

祂們也有「漏勾」、「不察」的時候，如果你自動來我這兒，既然祂們知道了你的最新狀況，碰巧你又是從事不法的人，那麼豈不是「自投羅網」？很多「這種」人，不管對方是大哥大、大姊大，還是官場大人物，往往在見了我的人、出了我的門不久，就出了狀況。

絕不是我害你的，祂們不會傻到讓我在事先就知道你的底細，祂們一定會當場讓我傻里傻氣的將你的問題解說清楚，讓你平平安安、高高興興的離開我這兒。不過，過不了多久，自然就會有人來告訴我，或在電視報章媒體上，出現這些人「沒有好下場」的新聞。這不是危言聳聽，而是千眞萬確的事實，所以我才會說：「正常時候的我，很不會看人，很容易受騙！」

其實我們周遭有好多好多的人，在他的「職業」上「混日子」，能夠兢兢業業，堅守崗位的人，實在少之又少。不說其他，光看公務員就好了，用公家電話打長途聊天，用公家電腦拚命上網，把辦公室裡的文具帶回家使用，隨隨便便回答百姓的問題，出了事，能推就推，沒有任何一個單位或任何一個人敢勇於認錯，敢承擔……。倒楣的是誰？這一世是百姓，沒關係，下一世絕對換成這些公務員。

有什麼例子呢？太多了吧！教改，眞的是「叫改」，叫人家改來改去的「叫改」，學生叫累叫苦，家長更甭說了，一個頭兩個大，老師也不知該如何跟著改進，最後連書商也跟著玩完了。一下子開放教科書，一下子……。好了，九年國教還懸在半空中，還沒有進入常軌，又說要來個十二年國教。再看看「健保」政策吧……官商勾結，不好好查弊，卻只想加價……。天啊！在台灣現在這個政治環境，似乎會吵就能夠有糖吃，當學生的又該怎麼辦呢？當病人的又該怎麼辦呢？難道要孩子們、病人們也走上街頭嗎？走到總統府去抗議嗎？（注意到了沒有？走到別的機關都沒有用，一定要記得走到總統府才會有效！因爲總統大選開跑了。）

能不能不要這樣子呢？不要一大堆有的沒的政策，動不動就要「叫改」了呢？非要「叫改」的話，百姓也只好認了，但是請不要每次的「叫改」都「朝令夕改」好嗎？權位越高的人所操控的「生殺大權」越有份量，能不能盡量站在國家的立場、百姓的立場，多深思一下、多參考別人的意見之後再發言呢？不要一舉手一發言，又是站在「選舉」的考量。可憐的台灣人，追求民主，追到這種地步，又豈是我們所樂見的。當你位卑言輕，影響有限時，這一世犯下的「因」，所造成未來世的「果」，也許比較有限；當你位高權重，一舉手一投足、一個關愛的眼神，都是焦點時，因而造成的果報就會相當可觀了！

當我在看因果故事時，除了要能夠「猜對」畫面中的人物，到底是此世的那一位當事人，還要仔細「分辨」誰是債權人、債務人，更必須從故事的發展過程，「解析」在這一世裡的當事人，可能會出現什麼樣的果報。

比較特別的是，如果因果事實的發生，是出現在其中某一個當事人的「職業角色上」或「上班中」的話，那麼，這個當事人除了必須對另一個當事人負責之外，連帶的，也絕對會影響他這一世裡的「職業狀況」。

舉個例，如果在過去世裡，你是負責主持公道的司法人員，偏偏收了賄賂，做出不公平的判決。那麼在這一世中，除了必須還債給被你傷害的當事人，不管從事什麼行業，也不容易碰到貴人，不但不易升遷，甚至還常常被冤枉。

相反的，如果你是一個盡忠職守的司法人員，盡量想辦法免費爲人伸冤，那麼到了這一世，那些你幫助過的人，自然而然的就會是你這一世裡的貴人。這些貴人，也許會在各種不同的場合出現，未必是在你的職場裡。至於你在這一世的職場裡，也會「莫名其妙」受到很多人的賞識。

簡簡單單的一個因果故事，我可以從很多不同的角度，去分析說明「它」在這一世裡，對當事人所造成的種種影響。對我來說，這是十多年來通靈服務所累積得來的經驗談，不是祂們教我的，也不是從別的書本上學來的。

我常常告訴那些想要當「專業人員」的讀者，不要只是一味吸收別人的東西，所有的東西如果沒有經過自己的消化分解、再重組，或者加入自己的看法，那麼永遠都是別人的東西。如果你想憑「抄襲」向祂們交差的話，就大錯特錯了。

當你在職業的場合中犯了錯，不管是否造成他人的損失，到了下一世，可能會產生什麼樣的果報呢？如果我調到的因果故事中，過去世你的行爲是屬於在職業上犯錯，那麼在這一世裡，你的職業就很容易出問題，很容易碰到「不順」的狀況。什麼樣的情形叫做「不順」呢？懷才不遇、小人多、無貴人、老闆苛刻、工作時間長、薪水少、人際關係不佳、升遷不易等等。

坦白說，被我服務過而有「創業命」的人，實在是很少數。我常笑說：「有創業命的人沒有幾個，而眞正有創業命的人，也不太可能會來找我，因爲這些大人物不喜歡拋頭露面，既然他們很有錢，當然會把大師請到他們家裡去服務。」我和這些人挺沒緣的，因爲我比較喜歡爲一般小老百姓服務，只要您掛得上號，我就一定會爲您服務，不需要什麼特權人物介紹。

當我在談事業、職業或工作時，通常是這樣開場的——「工作可分爲四種，第一是創業，第二是合夥，第三是上班，第四是不順。」

＊「不順」，主要就是指當事人在過去世的職業場合中，犯下了錯誤的行爲，不管有沒有傷害到債權人，到了這一世，當事人的職業一定會很容易出狀況。這種在過去世職業上犯錯的人，沒有第二條路可走，只有乖乖的上班，可是就連乖乖的上班，都有可能會出問題。

＊「上班」，如果有關於職業的因果故事裡，我沒有發現到當事人有任何不妥的行爲，也沒有發現到當事人有任何利益眾生的行爲時，那麼在這一世裡，他就只適合上班而已。可是他的上班很正常，會比前面「不順」的上班好很多。

＊「合夥」，如果我發現當事人在過去世，有做一些利益眾生的事，而這些善事是屬於「小愛」的範圍時，那麼我就會說，這個當事人在這一世裡可以和別人合夥做生意。

＊「創業」，如果我調到的因果資料裡，發現當事人在過去世做了很多利益眾生的事，而這些善事是屬於「大愛」的範圍時，那麼我就會建議當事人，在這一世裡，可以自行創業。

常常幫助別人就可以創業嗎？

問：「在這一世裡，我常常都在幫助別人，是不是就可以創業了呢？」

如果你幫助的對象都是你的親朋好友，對不起！那沒什麼大不了的，那些人也許都是因果故事當中，你本來就要報恩、還債的對象。如果你能夠擴大範圍，進一步幫助其他的人，例如同一個公司、社區、學校、同一個村莊的人，那麼就是「小愛」的表現。

再大一點的範圍，如果連那些和你完全無關也不認識的人，你都可以伸出援手的話，那麼就是「大愛」的表現了。例如捐血、器官捐贈、大體捐贈、九二一賑災、贊助家扶中心、到醫院當義工、到學校當愛心媽媽、自費參加災難搜救大隊……等等。（請看看《如來世3——因果論一》的〈服務〉那一章的詳細說明）想想看，既然要創業，那麼就是要當老闆，有了老闆就得有職員；如果想要賺錢，就得有消費者；如果碰到了難題，就希望有貴人……，似乎想要「創業」，就得牽涉到「人」。在過去世裡，如果你能夠「廣結善緣」，在這一世裡，自然就會有很多的「貴人」、「善知識」，出現在你身旁，助你一臂之力。所以，事業的規模或成功與否，往往取決於「人脈」的多寡。

再想想看，想想您自己好了，請問，您有沒有買股票呢？如果您有買股票的話，那麼再請問下一個問題，平日您有沒有在做「大愛」的表現呢？您的答案如果是「沒有」的話，請接受我好心的建議，您可以收手了，因爲您一定無法從股票市場賺到錢。如果您是證券營業員的話，不妨用同樣的問題調查一下您的客戶，一段時日之後再來做統計，看看我的建議合不合理。爲什麼呢？股票市場是個「四方財」的地方，想要賺四方財的人，必須在過去世裡是個「布施四方」的人。布施四方，就是「大愛」的表現。而在過去世裡會有「大愛」表現的人，根據「過去世的習性會帶到這一世」的原理推測，到了這一世，也一樣會是個「大愛」的人士。

反過來，如果在這一世裡沒有大愛的表現，那麼在過去世，大概也不會有這種習性。既然過去世沒有布施四方，這一世哪來的「四方財」等著當事人去拿呢？同樣的，如果你目前是在合夥或創業，也想想自己吧！

其實，也可以用另一種更直接的方法解釋，如果在過去世，您能夠「事先」把一些錢存在不同的銀行（四方大衆），到了這一世，只要您願意、您有需要，當然可以從這些銀行把錢領出來。想想看，經過了這麼多年，本金加利息，金額一定很可觀。請注意！一定要挑對銀行！必須正確的行善，而不是爛慈悲、沒有智慧的行善。

算命師常常會警告問事者：「你會有一個很大的劫數。」想想看，一般的劫數不是破財，就是身體受到傷害，最嚴重的就是喪命。既然如此，何妨事先把屬於自己的「財物」，「寄存」在一個保險的地方，例如銀行的保險箱，等到需要的時候再去領出來。這個銀行就是老天爺的銀行。

針對破財，就去布施善款，針對破身，就去捐血，沒錢沒血（有的人不符合捐血的條件），就走到醫療或教育路線當義工。只要眞心願意幫助別人，一定會有地方讓你表現。行善！並不需要任何的原因！

我常說：「壽命是最容易改變的！」

「只要您還有剩餘價値，還願意被老天爺利用的話，放心好了！除非有特別的因素，否則沒那麼容易讓您走人的。」

問：「你說，我只有上班的命，可是我已經創業好久了，也一直做得很不錯，我的能力很好，人際關係也不錯，又常常在行善。」

我可以這麼答：「也許是我算錯了，也許是時間還沒有到，君不見，風風光光開始者一大票，轟轟烈烈走一段的人也不少，而死得很難看的更不在少數。君不見，股市名人名嘴，往往就是死得最早、賠得最多也最慘的人。」

我也可以這麼答：「你覺得你做得不錯，也許每個月的收入的確比上班族的薪水高，可是請問你，你投資的成本是多少呢？你有沒有做折舊的分攤準備呢？萬一突然結束營業，你的存貨、設備或剩餘資產，又值多少呢？就算都還有賺頭，那麼再請問你，你花了多少時間在事業上呢？換成是我，一樣的錢，我寧可上班。如果您說自行創業時間比較自由，那我就沒話說。」

事業注定不順，只要行善就有轉機嗎？

問：「既然命中注定事業不順，那麼在這一世裡只要盡量行善，總有一天可以把過去世的債務還清，那麼我的事業會有轉機嗎？」

如果滿分是十分的話，屬於正常的「上班」，應該就是零分，不正也不負。「合夥」和

「創業」就是正分，而「不順」就是負分了。假設屬於你的「不順」，只是負兩分的話，那麼在這一世裡，你拚命行「大愛」得到了八分，八分減兩分，還剩下正六分，是否就可以改變你的事業命呢？

對不起！只要是負分，只要是「不順」，就算你再怎麼行善，就是只能加到零分，不正也不負，無法再繼續往上加到正分。至於剩下的六分又該如何處理呢？因爲無法「現世報」，只好留到下一世，讓你的下一世變成合夥或創業的事業命。也就是說，一旦被注定是「不順」，只有上班一條路，甭想要合夥或創業了。

問：「那麼我又何必多此一舉去行善呢？」

沒關係，只要注定不順，你又不行善，你的「上班」事業，就永遠都不會順利。你的下一世，也不會好到哪裡去，「最佳的命運」，一定還是個看老闆臉色、領死薪水的上班族而已。如果你注定的事業是正常的「上班」、「合夥」、「創業」，那麼在這一世裡，假設你的行善分數也是八分的話，因爲過去世的職業沒有負分，所以在這一世裡，就可能會有「現世報」的機會，假設現世報用掉了三分，那麼也還有五分可以留到下一世再使用。

注意到了嗎？如果你過去世的職業分數是負分，是不順，到了這一世，絕對沒有「翻身」的機會。有很多人不相信這一套理論，我的回答一定是這樣：「你只要看看我在座談會的職業態度就好了，每一場座談會，我一定很認眞的從第一號服務到最後一號。因爲我自己了解因果輪迴轉世的運作，所以根本就不敢亂來，不敢有一點閃失。下輩子就算不能合夥、不能創業，我也不想要不順。」

事業不順，除了行善就沒有補救之道嗎？

問：「我的工作眞的很不順，除了行善，難道就沒有一點補救之道嗎？」

我的建議是——不要輕易的換工作，因爲既然是不順，如果還頻頻換工作的話，往往會越換越差，到頭來眞的是吃力不討好。你不妨忍著點，就繼續待下去，起碼「工作的年資」還可以增加一些。最簡單的判斷方式就是，除非公司倒了，或被老闆裁員了，否則，你要學會忍著點，盡量賴著不走。

問：「如果沒有碰到你，我們又怎麼會知道自己有沒有創業的命呢？」

這倒是個好問題，想想周遭的親朋好友吧！似乎有很多人，碰到工作不順利的時候，就會想到自己出來創業。如果根據我的理論，職業命的好壞順序是——「不順、上班、合夥、創業」，都已經不順了，只有乖乖的去上班，哪還有創業的命呢？應該是工作很順利的時候，才考慮要不要合夥或創業。

假藉宗教的名義

我一再強調，假藉宗教名義行騙的話，這些「騙人者」，他們的因果報應一定是要乘以兩倍的。反過來思考，「受騙者」的果報，又是什麼呢？

如果吃了乩童開的「偏方」，或者是吃了佯稱是菩薩開的「仙丹」而不幸死亡，是不是就屬於「欠命還命」呢？如果給了乩童一大筆錢，卻還是無法驅逐厄運、大展鴻圖，是不是屬於「欠錢還錢」呢？如果被乩童騙了感情，是不是屬於「欠情還情」呢？

對不起！沒這回事！這和一般的因果罪不一樣！因爲這些事情多多少少都會牽扯到「宗教」，都會牽扯到一個「無法作證的當事人」。想清楚，老天爺被莫名其妙的「牽扯進來」，關祂們什麼事啊！如果「受騙者」覺得被「騙人者」欺騙，心有不甘想要討回公道的話，那該怎麼辦呢？

如果我是法官，我會這麼說：「法律之前，人人平等。來人啊！既然受騙者覺得有冤，那麼請受騙者提出證據，或是請受騙者把當事人找來，請祂們說淸楚。」您做得到嗎？如果您就是那個受騙者。

正因爲「所有的受騙者」都做不到，所以才會讓「所有的騙人者」爲所欲爲，把一切責任都推給無法作證的當事人——老天爺。

怪誰呢？只能怪「受騙者」自己。有病，不找醫生，如果醫生出了問題，起碼還可以到法院告醫生，要求金錢或精神的賠償。諸事不順，不反躬自省謀求改進，不請教專業人士，卻請「靈界」幫忙，你眞以爲「靈界的人」會比我們「人界的人」還更了解「人」嗎……。

不要太高估「祂們」了。也許「祂們」很行，但是，那些眞的「很行」的老天爺，「絕對」是秉持「公開、公平、公正」的基本原則辦事，不會走任何一扇後門。想想看，一個法官如果老是要別人送紅包給他，才肯爲人申冤辦案，還有資格被稱爲「法官」嗎？送紅包給法官的人出了問題，但是，收紅包的法官問題更大。

結論是什麼呢？因果輪迴轉世是強調「悲智雙修」的，如果您自己不用點智慧，而且心甘情願自動走入「騙人者」家門當個冤大頭的話，對不起！老天爺不會替您伸冤，您就自己看著辦吧！更何況祂們自己也是受害者呢！「啞巴吃黃連，有苦說不出」，大概就是「受騙者」的果報了。至於另一個眞正無辜的受害者——老天爺，那就叫做「在太歲頭上動土」！

＊廢了

這是一位五十歲上下的婦女，她想知道身體狀況。坦白說，我很不喜歡「看身體」，因爲我很害怕誤導別人，我總是先問一聲：「你有沒有去看醫生呢？」對方如果說沒有，我就不會爲他服務，如果對方說看過醫生，那麼當我回答過後，我一定會和醫生的診斷作個比較。

很特別的是，我看到她的雙手左右兩邊各有一條黑線，從脖子開始，一直到手掌爲止，右手邊那一條顏色比較深，左手邊那一條顏色比較淺。另外還出現了兩個字——「廢了」。

「妳的手有沒有問題呢？」

「還好，沒有問題。」

「那妳的脖子有沒有問題呢？」

「也還好，有時候比較痠麻而已。」

「那也不對，妳這個年紀差不多是更年期的時候，也許妳的肩膀痠痛是因爲五十肩的關係，跟我的訊息有點不太吻合。」然後我把看到兩條黑線的畫面和「廢了」兩個字告訴她。

這時候眼前又出現「廢了」這兩個字，接著畫面和訊息又來了，原來在過去世裡，她是畫符作法的法師，因爲……。總之她假藉宗教之名，爲了圖利自己而傷害他人。我把看到的字和新的畫面故事告訴她，全場的人也都聽到了。我請她特別注意，若是覺得手有什麼毛病，一定要記得趕快看醫生。

「因爲如果只是看到兩條黑線，我還不會那麼在意，但是祂們又讓我看到了過去世的因果故事，根據我的經驗，如果調得到過去世的因果畫面，基本上這個因果報應會在這一世裡發生，所以妳一定要很小心、注意。」

當我轉身想要問下一個人的問題時，就在這一轉身的當兒，眼前又出現了很大的兩個字——「廢了」，短短的幾分鐘內，這「廢了」兩個字共出現了三次。我又轉向這位女士。

「謝謝妳今天來參加這個座談會，因爲妳的參加，我才知道如果在這一世裡，我通靈亂來的話，那麼到了下一世，我可能就會有什麼報應了。祂們說，如果假藉宗教之名作惡，那麼報應是要乘以二的。」

過了幾天，當天一位參加座談會的讀者打電話來告訴我：「我那個朋友的手真的廢了，因爲她的右手連一張衛生紙都拿不起來，左手則只剩下大約三成的力量。如果她當場承認的話，就可以讓現場很多人得到啓示，也許在這之後，還可以影響更多的人，我個人以爲那也是行善的一種。」

注意到了沒有？假修行或宗教之名作惡，報應是要乘以兩倍的。祂們一再提醒我，能否「放下身段」和「堅持到底」是判斷祂們修行層級和服務成績的基本方法。

「怎麼辦？以前我不了解因果，所以做錯了許多。」有人問。

「做錯了就錯了，已經無法改變，但是，越早放下屠刀，就越早立地成佛。」

＊老鴇

有一位矮矮黑黑的老婦人，年約六十歲，自己一個人來找我，丈夫早逝，她一手拉拔七個子女長大，沒想到孩子大了，一個個離她而去，任憑她生病了也沒有一個子孫回來看她一眼。她一邊掉眼淚，一邊說給我聽（這種在我面前哭的例子太多了，男生、女生都有，所以我總是在桌子上擺著一盒衛生紙，我扮演著垃圾桶的角色，讓對方發洩一下）。我不知如何開口，只好說些別的，盡量勸她凡事想開一點，一直不敢說出口的一句話就是：「那一世裡，你正好是這七個孩子的老鴇。」

＊蔬菜與植物人

太太自己一個人來，她想知道她和先生的因果。

畫面——一個醫生和一個護士在爲一位病人做開刀手術，醫生站在病人的右側，護士在病人的左側。我的「視線」是從醫生的右後上方往下斜看的。

我說：「妳和妳先生的感情應該不錯。」

「對，我和我先生的感情是很不錯。」

「你們兩個很努力，可是卻老是存不到錢，老是在缺錢，無貴人。」

「這是眞的，我們老是沒有辦法存錢。」

「當然了，感情當然會不錯，不過卻也老是存不到錢，爲什麼呢？妳知道嗎？沒什麼！

只是因爲在過去世裡，你們兩個狼狽爲奸而已。」與座者大笑。

「我告訴妳，我看到的畫面是……，妳是護士，妳先生是醫生，你們兩個搭檔合作，合作一些不必要的開刀，例如，只不過是腹痛，醫生卻告訴病人是盲腸炎，然後醫生、護士兩人一起爲病人開刀，拿掉沒有問題的盲腸。醫生和護士就這樣共同分享這些騙人開刀而得來的金錢。所以這一世裡，夫妻兩人是一起來還債，你想這種情形之下怎麼會有貴人幫助呢？我勸妳多做些對病人有益的事。」

「不瞞妳說，陳太太，我這一世的工作就是護士，但是我是個很盡責的護士，而我先生是從事醫療器材買賣的工作。妳認爲我以後應該做些什麼工作比較好呢？」（各位注意到了沒有?過去世的專業學習，這一世用上了。）

畫面——三顆長在泥土裡的菜，像是甘藍菜，但是每一顆都只有拳頭般的大小而已。

我說：「我看到的畫面是……，我要特別強調一下，不是水耕的那種，是那種種在泥土裡的。我想，妳不妨和別人合夥投資蔬果的行業。」

隔了幾分鐘後，她又舉手了。

「陳太太，你剛剛看到的泥土和甘藍菜的畫面，能不能解釋作植物人呢?因爲我正想利用我的專業為一些病人服務，所以我和朋友商量，想要合作成立一間植物人照顧中心。」

各位，您以為她這樣解析畫面可以嗎？您以為她想從事的工作可行嗎？

＊逼供的警察

她想知道兒子和父母的因果，我告訴她並不一定每個孩子都跟自己的父親、母親有因果關係，有的是和父親有關，因此是隨父親來轉世，所以就算在這一世裡，爸爸娶了別的女人當妻子，一樣會生出這個孩子。同樣的，如果孩子是隨媽媽來轉世，那麼就算媽媽嫁給另一個男人，她一樣會生出這個孩子。

當然也有很多其他的例子，例如有的是隨兄姊來轉世，有的只是借媽媽的肚子來轉世，有的……而通常借媽媽肚子來轉世的，往往是那些來人世間考試的菩薩。所以如果夫妻兩人提到離婚的話，我就會去調資料，看看是否會傷害到小孩。如果孩子是隨爸爸來轉世，那麼離婚時，孩子最好歸爸爸，因為不管雙方是要報恩還是報仇、學習等等，我都希望各得其所、各有所歸。

「我看到妳和先生在某一世裡都是警察，你們抓到一個小偷現行犯，可是這個小偷是初犯，怕得不得了。偏偏在那時候發生了許多搶案，又老抓不到兇手，於是這兩個警察就聯手騙初犯的小偷說，當法官問你話時，你一定要保持低調，對法官的問題盡量回答說是，這樣就可以減輕罪行。」

「犯人乖乖照著警察的交代去做，沒想到兩個警察趁此機會，把一些懸而未破的搶案全算在他頭上，因此這個犯人被加重刑罰，多坐了好多年的牢。而這個犯人就是妳這一世裡的兒子。這個故事很淸楚的可以知道到底是誰對、誰錯，所以你們完了，你們夫妻共同欠孩子，這是共業的問題。」

「這一世裡我先生是警察，而我也每星期撥出一天爲警察服務。我兒子非常難教，尤其是我先生力氣大，有一次父子倆當著我的面又起了衝突，打了起來，我很害怕，於是我告訴他們，如果他們要打架，必須在我下班回來之前就停手，不要讓我傷心。結果有一次他們打架時，聽到我回來了，就趕緊住手。其實他們彼此都深愛著對方，也許是我們管教的方式不對，才會造成這樣的結果。」

「我們也很怕看到這種因果，因爲如果雙方家長都欠孩子的話，那麼就有可能會變成溺愛小孩，就算欠的債還完了，卻又有可能因爲這一世的溺愛，而造成了阻礙別人成長的新惡因。

「所以我認爲，欠債該還沒有錯，但是該罵、該講、該教的還是一定要做，慈悲很容易，難就難在智慧。我常常說孩子絕對是生來教育的，不管孩子是來報恩還是要債，作父母的無論如何都要盡到教養的責任，因爲是我們大人把他們帶到人世間的。又怎能把責任全推到孩子身上呢？」

我的孩子也曾經怪我說，爲什麼要把他們生下來，我也不甘示弱的回答，我是決定生小孩沒錯，要不要生小孩確實是大人的責任，不過我並沒有要求老天爺，指明說要拜託你們來轉世做我的小孩。想想，應該是你們自己來投胎做我的小孩才對吧！不管你們是自願還是被老天爺逼迫的，總之，我沒有指定就是了。

「你們負責維持社會的治安，結果卻管不了自己的孩子。有時候該讓別人教時，還是得放手讓別人去教，也許會比較有效也說不定。」

「有啊！我也覺得該讓別人教他，所以就把他送到少年組。那時候，送過去的可以在那邊待二十四小時，二十四小時之後才送去管訓。可是那天晚上，我在看電視新聞時，就一直覺得電視畫面上失火的地方很熟悉，原來就是少年組……。妳看，二十四小時不到，他又被送回來了。」

「當然了，在那一世裡，他是在警察機關被兩個警察騙的，所以連警察局都欠他，那個地方怎麼可能關得了他呢？」這時大夥兒早已笑成了一團。

＊偷簍子的警察

她問：「我想知道我和先生的因果。」

「妳不是來過了嗎？上一次沒有問嗎？那妳上一次是問什麼呢？」

不知道是我的關係還是祂們的緣故，好像我「認人」很厲害，因爲不管是一對一還是座談會，我在與人交談的時候，一定全神貫注的看著對方，一來是禮貌，二來是希望對方聽得懂我所說的話。也因爲如此，所以當我在服務時，旁邊發生了什麼事或經過了什麼人，我幾乎一概不知。其實我也不是記得些什麼，只不過是記得臉孔罷了，至於對方所問的事情，除非很特別，否則差不多半天之後就忘了。

「上次我是問我先生的事業，妳說什麼有一塊石頭擋住，因爲時間的關係，我也沒有多問，所以我也不太清楚妳說的到底是什麼意思。」這倒也很常見，我們常說的「當局者迷」就是這個意思，在座談會中，往往其他的人統統聽懂了，唯獨當事人不知道我在說些什麼。爲什麼呢？

因爲這些人在問問題之前，自己就已經預設答案，一旦我的解說和他原先預期的不同，全都傻了。腦子裡只想著應該如何辯解，甚至於想著該如何問下一句話，才能讓我鬆口說出他心中眞正想要得到的答案。偏偏我很固執，祂們比我還要嚴重，對方再怎麼潤飾問題，我的答案卻總是從一而終，絕不改變。當然了，我也有調錯資料的紀錄，只不過那時候，我一定會承認錯誤，但畢竟機率不高。

「妳這樣不是浪費時間又浪費錢嗎？」我反問她。

「我看到的畫面滿特別的，我用現在的社會形態來說明，大家比較能夠進入狀況。我看到妳先生是個警察，一個專門取締違規攤販的警察。天還沒有亮，路旁擺了幾副簍子，就是以前菜販用來裝菜、挑到市場去賣的那種竹簍子，原來那幾個菜販先將簍子擺在路邊佔位子，然後再回頭分批拿果菜來擺放。」

「這個警察爲了業績，想了一個很詐的方法，趁著菜販不備，將這些簍子統統拿走，順便開了一大堆罰單。」

「他是可以取締沒錯，可是我以爲應該在交易的當下，或者等天亮以後再取締比較合理。如果使詐，這個警察一定得背因果，他在這一世的財運一定會出問題，就像被石頭擋住一樣。妳聽得懂我說的意思嗎？」

「我是聽懂了，可是妳並沒有告訴我，我和先生的因果。」

「喔！我扯到哪裡去了呢？我趕快再看一下。」

「哈哈！我看到一個女人躲在另一邊，我看到警察在我的右手邊，簍子則擺在……，這個女人就躲在我左手邊暗暗的地方。原來妳在那一世裡就是這個警察的妻子，也就是說在過去世你們也是夫妻關係，男的還是男的，女的還是女的。這個警察把路邊的一副簍子快速的拿走，拿到他太太那邊，然後再回頭去拿第二……甚至第三……，等到統統取締完之後，再和太太一起拿到警察局。」

「完蛋了，你們夫妻一定有共業了。」

「夫唱婦隨！你們夫妻的感情一定很好。」旁邊的人也在湊熱鬧。

「我和我先生眞的很不錯，還有我先生出去做生意時，我常常要負責幫他看車子、看東西。上個月他又掉了一輛摩托車，總共已經掉四輛了，我常常罵他，是不是他上輩子欠人的，所以車子才會常常被偷。」

「沒錯！確實是上輩子欠人的。我看妳的因果故事絕對要編進下一本書裡了。」大夥兒早已笑成一團。

「對了，我再問妳，妳先生的車子都是在哪裡被偷的呢？」

「三輛都是在我家附近被偷的。」

「對嘛！上輩子你們到別人的地盤去取締，這一世別人也來到了妳的地盤。我想，妳就是去報案也絕對找不到車子。」

「對！我們都有報案，可是一輛也沒找回來！以後我們要怎麼辦呢？」

「各位！你們就替她想想辦法吧！我也不知道該怎麼辦才好！」

「妳就不要再買摩托車了嘛！一輛摩托車的錢可以買很多輛腳踏車，就算被偷了也不會那麼心疼……」有幾個熱心的在場人士如此建議。

各位讀者，你的建議又是如何呢？

還記得《如來世3——因果論一》的〈欠債還債〉那一篇裡的「護士與傷兵」嗎？因為

過去世職業上的疏忽而造成的未來世果報，絕對不是各位所想像——「錯了就錯了嘛！有什麼了不起！大不了賠你一條命就是了！」

打錯針、給錯藥、隨便教一教、隨便檢查一下、隨便蓋個章了事、隨便說一說，講了不算數、隨隨便便先答應了，以後再想辦法補救……。很嚴肅的告訴各位，當有人因你的錯誤而造成死亡，害死了一條人命就得還一世，也就是說，一世只能還一個人而已。不妨算算看，你的疏忽造成了幾條人命的傷亡呢？

一點點「隨便」的「因」，絕不是一點點「隨便」的「果」可以償還的。如果你就是「隨便」之下的受害者，或者你的家人是受害者，你願意「隨便」的放對方一馬嗎？就算你願意原諒，但可別忘了還有「天譴」、「劫數」的存在。對不起！老天爺的字典裡是沒有「隨便」這兩個字的。

老天爺一點都不「隨便」，我想到拖吊車的問題。想要在台北的路邊找個停車位，是個很頭大的問題，如果這些拖吊車照規定行事也就罷了，偏偏……。曾經也有人問過我：「現在的法官，有時候判案判得很莫名其妙，妳說我們應該怎麼挑法官呢？」「啊！辦案可以挑法官的嗎？我的答案是，如果法官不想扮演好他該扮演的角色，那麼我們又能如何呢？反正還有未來世，有機會一定可以再碰頭，有什麼好怕的！」

也有好多人說：「現在的老師都好怕學生，都隨便的教一教，反正有教就是了，根本不管什麼因材施教，什麼有教無類……。」「現在的老闆很難當，都要看員工的臉色，都……。」「現在的年輕人，實在很難溝通，動不動就……。」「現在的父母很奇怪，似乎不太會去注意孩子們內心的想法，只會提供孩子金錢，給他們最好的物質享受，就覺得自己是很棒的父母，覺得很對得起孩子了……。」

好多好多對現實社會亂象的不滿，對各種處在職業場合角色扮演的不屑……你會擔心什麼嗎？如果每個人都能夠想一想該如何扮演好自己的職業角色，好好的從「心」，重新做起，這個社會還是很有希望的！

＊智障老師

她大約三十多歲，掛到一對一的服務。

「妳的婚姻不錯，但是可能沒有小孩。」

「沒有關係，我不想要有小孩。」

「妳不想要沒關係，可是妳先生可以接受嗎？」

「我們就是約定好不要有小孩才結婚的。」

「爲什麼呢？」我一天到晚碰到的剛好和這個相反，因爲常常有人來問我一個老掉牙的問題：「請問，在這一世裡我到底有沒有小孩呢？」

「因爲我從事特教工作，也就是教智障班的小孩子，如果我自己有了孩子，我就無法全心全意照顧這些需要幫助的孩子們了。」

各位，她是菩薩嗎？

也許，菩薩都還沒有她那麼大的胸襟。

＊書記官

「在過去世裡，妳是男人，是個書記官，妳先生也是男人，是個犯人，原本他的罪刑只要被關兩年，可是書記官卻和法官兩人狼狽爲奸，由法官先判他五年，再由書記官做司法黃牛向犯人收錢，然後將罪刑由五年改判爲兩年。這個故事中，關於法官和犯人的這一部分，在過去世就已經處理完畢，這一世是處理書記官和犯人的部分，這是屬於欠錢還錢。另外你還牽涉到職業上的因果，還會欠到公家（政府）的債，因為司法機關因你而蒙羞。」

「妳先生是妳的債權人，那一世犯人死後，沒有對老天爺說不要別人還債，所以，妳就一定要還他的錢債。既然是妳欠他錢，那麼在這一世裡，先生必須先賺不到錢，才有機會讓太太還錢。也就是說，為了還先生的錢，太太就一定賺得到錢，拿給先生或家裡花用。而太太自己卻常常用不到錢。我想，妳家裡大部分的開銷，應該都是妳在負擔才是。」「對！」

「不是妳會賺錢，而是因為債權人有絕對的優先權。根據這個故事，妳是屬於在過去世的職業上犯錯，如果沒有債權人存在，妳在這一世裡的職業一定相當不順，一定不容易賺得到錢。不要得意！別以為妳很會賺錢！那是老天爺好心，想讓妳還先生的錢債，所以才會找機會讓妳一定賺得到錢。妳應該好好謝謝妳先生才對！不要再怪他、怨他了！」

「還要多久才可以還清呢？」

「看債權人的決定，當他提出離婚的時候，通常就是還清了。」

如果債權人提出離婚，而債務人也同意，就算債務人還沒有還夠，但是因為債權人放棄債權，所以這筆因果債就算結清了。

如果債權人提出離婚，而債務人不同意，當然就無法離婚。因果債只好再繼續計算下去，至於會不會還過頭，還是還不夠，只好等死了之後，到老天爺那兒再結算一下。通常這個時候，債權人對債務人的感情也已經走到盡頭，不太可能有回心轉意的機會。

如果債權人要過頭，而且說什麼也不願意離婚，沒關係！死了之後到老天爺那兒好好再結算一次，看看「倒欠了多少」。

如果債務人提出離婚，而債權人被迫簽字，通常還會有後遺症。也就是說，離了婚之後，往往兩人之間還會有後續的瓜葛。爲什麼呢？因爲，只有債權人有權利提出離婚的要求。

所以我在服務的時候，就會很注意一件事——提出離婚，而且生效的那一次，到底是哪一方提出來的。

「可是我們兩個人都不想要離婚。」

「如果你們沒有孩子，假設我是先生的話，我就會和太太離婚，因爲離婚之後，先生的事業就會很順，他只是因爲希望太太償還他的錢，所以才會賺不到錢。假設我是太太的話，我就不要和先生離婚，一旦離了婚，太太就不容易賺得到錢，因爲她犯了職業上的因果。」

「就算是先生要和她離婚，如果是爲了孩子，也要忍下來不要簽字。如果離了婚，她帶著孩子又賺不到和原來一樣多的錢，那日子一定會很難過的。如果不離婚，起碼賺的錢還是一樣多，還是可以養孩子，只是無法期待先生的感情會再回頭。」

「我結婚之前，事業眞的做得很不錯，可是一結婚之後事業整個變了樣，現在家裡的經濟大部分都是靠我老婆在負責。」先生終於開口了。

「誰叫你那一世死後，不原諒那個書記官呢？」

故事到這裡告一個段落。下午的座談會，先生單獨出現了。

「當我事業很不順的時候，整天翻報紙找工作，後來想想，乾脆考試做公務員好了。我看到書記官的考試就和老婆商量，老婆說，好！你就去考書記官。她馬上從銀行領了五、六萬塊錢讓我去補習。」

「你一定考不上！如果你考上了，老婆哪會有機會還你的錢債呢！」

別急！故事還沒有完。座談會結束之後，主辦人開車送我到旅館。

「我這個朋友，以前單身的時候事業做得非常好，他的工作是代書，做事負責人緣又好，所以很多人請他幫忙。沒想到結婚之後，事業一下子全都垮了。」

「啊！他是做代書的？我不是告訴他老婆說，過去世的那個書記官還有欠公家的債嗎？

代書的工作不就是常常要和公家打交道嗎?既然是欠公家的債，那麼公家就一定不是他們的貴人。」

*性侵害

「問身體。」

「妳看得到什麼嗎?」我的答案是，她也會收到訊息。

「反正等一下出去之後，大家都是路人甲，我就直說好了，為什麼老是有男人想要靠近我，侵害我呢?」她已經先講出答案。

「過去世妳是個男人，類似警察的角色，是在牢房裡負責看管女犯人，我看到妳對這些女犯人性侵害。」

「我怎麼會這麼壞呢?」

「妳看不看得到一些有的沒的?」

「看不到，但我收得到訊息。」

「一樣是在那一世，你白天的工作是警察，晚上卻在廟裡兼差當乩童。你對那些女犯人說，如果和你做愛就可以驅除厄運。那一世你是真的有通靈能力，所以在轉世的時候，通靈體質也會帶一些過來，可是你假藉宗教名義作惡，在這一世妳的手腳可能就會出問題，妳自己要小心。」

「沒有錯，我的手腳常常會痠麻，因爲我是個運動員。如果有人想找我幫忙辦事，祂們也叫我要幫忙，那該怎麼辦呢？」

「不要管！既然在過去世就已經出了問題，妳想還會有執照嗎？有通靈體質，未必就有通靈執照。照理說，那些女犯人沒有辦法向乩童要債，因爲連老天爺自己都是受害者，但是別忘了，警察侵犯她們的時候，是警察的角色，是在監獄裡進行的，女犯人當然可以來要債。」

「我可以不可以考公家機關呢？」

「不適合。」

「我現在就是在公家單位。」

「妳一定不是正式人員。」

「對！」

「因為你是在公家機關犯錯，所以公家因你而蒙羞，在這一世，公家單位就一定不是妳的貴人。通常這種情形，我都會建議當事人到私人機構上班，然後再贊助到公家單位，例如捐錢到市立療養院等等。可是也有人這麼說，既然是欠公家，就應該到公家去還，這樣子就會還得比較快。哪裡跌倒就哪裡爬起來，勇敢的面對問題！這種想法和做法，我覺得更棒！更積極！」

「好！我要更加努力！衝！」好一個運動員的本色！祝福她！

*個性出了問題（一）

大部分的人，總以為這一世職業的不順，是因為自己在過去世裡害了別人，或是祖先出了什麼問題，很少人會想到，其實是自己的個性出了問題。因為自己的個性問題而影響到命運的，在生活的許多層面都可以看得到，自己也多多少少會知道，可是卻沒有幾個人願意去承認、去正視自己的個性問題，反而動不動就以「受害者的心態」推給過去世，推給死去的親屬。

總歸一句話：「很少人會對自己的生命負責！」

「我想問我先生的事業。」

我看到的畫面是一個人在刷地，手上拿著一把小刷子，趴在地上慢慢用力刷。旁邊有一個人，也一樣拿著刷子，卻是一把帶有長手柄的刷子：「這種長刷子很方便，刷起來又快又省力，你要不要試試看呢？」趴在地上的那位先生，抬頭看了一下長刷子：「不用了，我還是習慣用這種小刷子刷地比較好。」

「妳先生只有上班的命，沒有合夥或創業的命，並不是他在過去世傷害別人，或欠了別人，而是他自己的個性出了問題。妳想想看，新的長柄刷子刷起地來既省力又方便，爲什麼不換一下試試看呢？如果一再堅持己見，不知改變，如何跟得上時代呢？而且不能接受別人的建議，那麼包容心一定不夠，又怎麼可能會有肚量當老闆呢？」

「就算妳先生不辭職，如果我是老闆的話，碰到這種不知變通的職員，我也一定會請他走路的。妳先生換了幾個工作呢？」

「他換了好幾個工作，老是會碰到公司的財務出狀況，爲了怕事後牽涉到責任歸屬的問題，我先生只好一再地換工作。」

「像他這種個性，就算有好的工作機會也絕對輪不到他，因爲早就被別人捷足先登了。」

*個性出了問題（二）

「我想知道我兒子的事業。」

「妳兒子多大啦？」

「三十歲了。」

「妳兒子會不會常常去算命呢？」

「會，不過也還好啦！」

「如果他這麼年輕就常常去算命的話，怎麼可能會有成就呢？年輕人要有承擔事情的勇氣，如果都沒有勇氣爲自己的理想打拚一下，動不動就去問算命的，哪能夠做什麼事業呢？這個算命的說，做公務員比較好，那個算命的說，出國到大陸做業務比較好，請問他要做那一行呢？」

「我看到的畫面，就是他在廟裡抽籤的樣子，如果他在過去世就是這種習性的話，那麼這一世也差不到哪裡去。還有，我看到他拿著籤，跪在菩薩前面說：『菩薩！請幫我找一份好工作！』像這種把找工作的責任都推給菩薩的人，你能夠期待他成就什麼事業嗎？」

「他換了幾個工作呢？」

「已經換了好幾個工作，妳有什麼建議呢？」

「叫他不要再換工作了，把一個工作好好做下去，除非老闆不要他了才再換工作，強迫訓練他要對自己的選擇負責。」

＊馬車夫

他十七、八歲，是個負責扶員外上、下馬的馬車夫，另一個他五、六十歲，是個員外，員外對員工要求很嚴，年輕的馬車夫很不滿，故意在馬蹬上面動了手腳，使得員外上、下馬的時候必須多花點力氣，有一次還因此摔下馬重重跌了一跤，害得員外不良於行。

「這個因果故事很簡單，可是扯上了故意，又傷害到肉體，就不是那麼單純了。這是屬於欠命，一旦欠命，欠情欠錢都要跟著一起走。我擔心妳先生的腳或脊椎可能會比較容易受傷，再者，你們兩個都是男人來轉世，兩人的相處一定不會浪漫，你還以下犯上。惡緣、兩個男人、以下犯上，這三個條件成立的話，先生都比較容易外遇。因爲妳以下犯上，他又是債權人，所以就算妳數說他的不是，他也不會甩妳的，照樣我行我素。」

「對！我先生和我個性不合感情很差，一天到晚吵架，他常常會喊腳痛，脊椎也很不好，我常常要照顧他，他在事業上也賠了好多錢，我爲他擦了好多次屁股。我眞的很想和他離婚。」

「妳是那個年輕的馬車夫，妳的行爲是屬於職業上的犯錯，而妳先生是妳的債權人。妳過去世的惡因可能會影響到兩方面，第一是債權人的部分，妳是欠先生，欠命欠情又欠錢，第二是職業的部分，妳是職業上的犯錯，就注定妳的職業一定會不順。今天妳自以爲很行，賺到很多錢，對不起！那是因爲債權人來要錢，所以他一定會缺錢，妳一定會有錢，但是他也一定會幫妳花錢，因爲妳能夠賺得到錢，就是爲了還債權人錢。如果哪一天你們離婚了或債權人死亡了，債權人的部分就算結束，妳就得繼續面對職業的部分，既然在職業上犯錯，那麼就是『不順』兩個字。」

＊垃圾桶（一）

高雄有個婦人問：「我想知道我的財運會是如何。」

我的畫面中，就只有一個圓柱形垃圾桶，垃圾桶裡只有少少的幾張紙，而垃圾桶四周卻散落了一大堆用過的衛生紙。

「一般算命師總是說有財有庫、有財無庫等等，如果我們說垃圾桶是『庫』，那麼衛生紙就是『財』了。有些人上公共廁所的時候，常常把用過的紙張，隨便往垃圾桶的方向一扔，也不管是否空心進球或擦板得分，轉身就走人。我不知道各位看到這種情形會有什麼反應，我的習慣是想辦法盡量把掉落在垃圾桶外的紙張撿起來，再丟回桶內。也許是我有一點潔癖吧！不喜歡髒亂的感覺，總希望下一個使用者能夠有一個清淨乾爽的空間。凡事如果能夠稍微替人設想一下，就是善行、功德。每個人出生的時候，都帶了一個垃圾桶來轉世，至於能裝多少衛生紙，就看個人爲人設想多少。」

「所以，如果妳無法開源，那麼就必須學會節流，另外我會建議妳，不妨去當個快樂的環保義工，財運應該就會有所改進。」

那一場的座談會後，她對大家說：「你們都不要收，所有用過、吃過的，我來處理就好了。」

＊垃圾桶（二）

美國南加州有個婦人問：「我的職業。」

在過去世，她是一個大超市的廁所清潔員，工作盡責。下班時她得經過停車場，而停車場放置了幾個垃圾桶，可是，垃圾總是被隨便亂丟。這位女工很好心，總是會順手把掉在地上的垃圾撿起來，重新丟進垃圾桶內。

「我不擔心妳的職業，因爲妳會隨手行善，所以貴人應該很多，而且就在妳身邊。」

「可是我已經辭職兩個月了，卻找不到理想的工作。」

「在場的朋友們，有沒有人知道有哪一個公司缺人呢？」我隨口問了一下參加座談會的朋友們。

「妳讀什麼的？」隔兩排的一位婦人問道。

「會計！」

「有沒有會計師的執照呢？」

「有！」

「我公司裡，有一個小姐因爲懷孕要生小孩，所以想辭職不做了，她只做到下個星期。」

「她是請產假呢？還是辭職？」我不放心，想問個淸楚。

「她要專心帶小孩，所以是辭職不做，不是請產假。」

＊大愛與小愛

滿和藹可親的一個人，大約四十歲左右，笑著問道：「事業。」

「那一世你住在山上，因爲山上實在謀生不易，只好隻身到山下求發展，逢年過節的時候，你都會回到山上和村民同聚。你想到村民很少有機會到山下見識，所以，每當你回家的時候，總會買一些較爲特殊的禮物送給村民。你又怕村民會覺得不好意思而拒收禮物，就騙他們說那些東西是你在山下的好友們送的。村民們高興之餘，也採收了一大堆山上的特產，要你回送給山下的好朋友。哪有什麼好朋友可回送的，這一大堆山上的特產，該如何處理呢？答案是——你想辦法把這些東西賣了，然後再把賣得的收入全部捐給慈善機構。」

「當一個人能夠爲他的親朋好友設想時，往往是因果輪迴轉世中所該面對的還債或報恩等等。如果你的行善能夠擴大到生活圈的一般百姓，例如同村的住戶、同校的學弟妹、同一個成長團體的學員等等，那麼這種善行是小善。如果對於那些不認識的人，你還能夠伸出援手的話，那才是大愛。例如捐血，在事前，你大概不會知道你的血可能會捐給誰吧！例如九二二賑災，你也不會知道捐出去的睡袋是誰在使用吧！例如到醫院當義工，被分配到哪一個病患，就應該會去照顧那一個病患吧！」

「過去世有大愛的人，到了這一世才有創業的機會，小愛的人是合夥的命，而只知道對親朋好友行善，根本就無法歸類到利益眾生這類。你送山上的村民禮物，那是小愛的表現，你賣山上的特產、捐錢到慈善機構，那是大愛的表現，有小愛又有大愛，我相信你的事業，絕對不會有問題的。」

「他是十大傑出青年農民，從年輕時候開始，做事業就一直很順利，這一世他還是經常在布施，他就是南部很有名的蓮霧大王，還上過電視接受訪問。」同來的親朋好友們，搶著替他回答。

「一個人的成功絕對不是偶然的！」我的結論。

＊大人大量

四個字「大人大量」再加兩個字「布施」。

「你又不缺錢！」

「是！我是不缺錢，可是總不能老是在做伸手牌！」

「你以為大家都有伸手牌好拿啊！你不要以為有這種命的人很多。我看到四個字『大人大量』這代表你在過去世，人很好，也做了很多的好事，這一世才會有這麼好的福報，過去世受你幫助的人，推派你父親來報答你的恩惠。老天爺希望你能夠繼續用智慧與慈悲的心態去作布施，如此一來才能夠把愛心傳下去，你自己的未來世，也才能夠繼續有福報可享。」

「總不能這樣耗日子啊！何況我如果上班的話，還可以增加就業率。」

「很多人退休之後都還想要再就業，我都會問對方一句話，問他缺不缺錢，如果他說不缺錢的話，我都會勸他去做義工不要再上班，應該把就業機會讓給那些眞正需要工作的失業人口，那也是行善的一種。再說，多了你一個人上班，就業率也不會提高多少。」

阻礙別人的成長

過去世我害你，這一世可能我會被你害，這樣子的冤冤相報何時了呢？難道因果論是要我們報仇來又報仇去的嗎？如果是這樣，那和恐怖分子又有什麼差別呢？在《如來世1——通靈經驗》的〈蓮花時空悲智情〉裡，祂們說明了原諒別人的重要性，不但不希望我們冤冤相報，更希望我們能夠多給別人一個悔過與重生的機會。在這裡我要說明的是，慈悲絕對是必要的，但不要過頭了，如果因爲慈悲而阻礙了別人的成長，那也得背負因果，這個觀念比較特別也可能是讀者比較難以想像的，但是在日常生活中，我們卻常常如此而不自知。

有些家長溺愛孩子，讓孩子一直坐在電腦、電視機前而忽略了孩子們的體格發展，您說家長沒有錯嗎？孩子觸犯了法律，父母不但沒有趁此機會和孩子一起反省，反而爲了孩子而想盡辦法去鑽法律的漏洞或逃避法律的制裁，孩子會因爲這一次的錯誤而學到教訓嗎？還是有恃無恐變本加厲呢？父母的這種行爲不就是阻礙了孩子的成長嗎？有錯嗎？太多太多的因果故事告訴我這種父母眞的是有錯，在未來世裡他們必須爲這種阻礙孩子的成長而付出相當大的代價。

這種因果觀念讓我警覺到要扮演好老天爺賜予我們的每一個合法角色，眞的是要很有心，很用心！所以我才會一再的強調：「孩子不是生來玩的，孩子是生來養育，生來教育的。」

用在朋友方面呢？朋友玩六合彩輸了錢而向你借錢，該借呢？還是狠下心來不借給他呢？如果有一天，他的生活突然出了問題，也許你該伸出援手，不過不要忘了「教育他」一下。如果一而再、再而三的出問題，你一再的拿錢濟助他，對不起！一點功德也沒有，反而是犯了阻礙別人成長的過錯。爲什麼呢？一旦你不借錢給他，他就沒有錢可以去簽六合彩，反而被生活、被家庭逼得只好乖乖的去上班也說不定。你或許會問，那豈不犯了見死不救的罪行嗎？各位您以爲呢？一天到晚只想賭博，輸了錢沒錢吃飯，這種人值得我去救他嗎？我有罪嗎？

姑且讓我們一起動動腦想想看，想想「佛指」來台所引發的關注與瞻禮的盛況，國人應該從那一個角度來看待這一件大事呢？從慈悲的角度來說，睹物思情，我們可以藉由觀禮佛指而心生向佛；從智慧的角度來說，佛自心中來，一定要見到佛指才能有所覺有所悟嗎？從現實的角度來說，九二一的災民還沒有完全站起來，如果將這些金錢運用在災民身上或台灣這塊土地上，您以爲如何呢？

所以慈悲與智慧一定要雙修雙運，不要傻乎乎的別人說什麼就是什麼，也不要以爲你當面說別人的不對，就會很不好意思，就會得罪別人。老天爺就是屬於那種心裡想什麼就表現出什麼的「人」。祂們贏我們什麼呢？是祂們有「他心通」的能力，因爲他心通，所以沒有什麼可隱瞞的，心裡想什麼就是什麼，也不用嘴巴再把它說出來。

「世間人」就是這一點很悲哀，心裡想的是一回事，嘴巴說出來的卻往往不是那麼一回事，搞到後來連做出來的都不知道會變成是什麼事了。爲什麼不試著學學祂們呢？這也是智慧的一種，因爲當您學會了用「誠實」來待人處事，走到那裡，都是那一套，不必見人說人話，見鬼說鬼話，還必須用一個謊言來圓另一個謊言，最後連自己都被自己的謊言給弄迷糊了。

「心誠則靈」，如果您看過前兩本書，您就會知道這一句話並不太正確，在這裡就請您回想一下，爲什麼我不說「心誠則靈」而說「心正則靈」呢？智慧是知識與生活歷練的累積，爲了增進自己的智慧以免阻礙了別人的成長，實在是有必要好好的面對生活上的點點滴滴，盡量充實自己的知識。「活到老學到老」並不只是老生常談，就連祂們也奉爲圭臬的。如果「結婚」是因果輪迴轉世最重要的一門功課，那麼「不要阻礙別人的成長」，就是另一科必修的學分。

最嚴重的欠情

阻礙別人的成長，是屬於「欠情」的一種，而且是「欠情」裡面最嚴重的一種。因爲最嚴重，所以就沒有辦法「說情」！一切依法究辦！

怎麼說呢？在你死後，如果你是個債權人，你就有說「不要」的權利，只要你向老天爺說：「我不要債務人還債，也不要受恩者報恩。」而且，你也不是其他因果故事中「債務人」的角色，那麼這一世死後，你就可以升天。

可是，一旦你「阻礙別人的成長」，那麼你就是「債務人」的角色，沒有權利說「不要」，你就一定得來還債，要來報恩。反過來說，如果是「別人阻礙你的成長」，那麼你就是「債權人」的角色，根據上一段的說明，你只要說：「我不要債務人還債」，不就沒事了嗎？

事實不然，爲什麼呢？因爲「阻礙別人的成長」是「欠情」裡面最嚴重的，爲了讓「債務人」可以有「重修」的機會，可以趕快「過關」，只好「麻煩」你這個債權人再次出馬。再說清楚一點，因爲「阻礙別人的成長」這個學分很難修，老天爺不希望換了老師害得學生不適應，所以就規定——只要有「阻礙別人的成長」發生，雙方當事人，不管是債權人或債務人，都得再來輪迴轉世一次，債權人「絕對」沒有說「不要」的權利。

這樣的規定很不合理，可是就因爲不合理，就因爲祂們的「獨裁」、「霸道」，所以才可以「強迫」大家好好面對這個問題。換句話說，我們可以知道這個問題有多麼嚴重，多麼迫切的需要改進。也許應該改進的不只是債務人，連債權人都需要再教育。

如果執政當局突然宣布「實施宵禁」，我們就會懷疑是不是治安出了很大的問題？也許就會聯想到是不是發生了什麼重大的刑案？還是我們的治安政策出了漏洞呢？兩者都有可能吧！如果眞有重大刑案發生的話，爲什麼在一開始的時候沒有辦法預防呢？這是不是也意味著治安政策出了漏洞呢？反之，如果治安出了漏洞，當然就很容易有重大刑案發生了！是查辦重大刑案該優先處理呢？還是修改治安政策爲優先？我個人的看法是——就算是亡羊補牢，除了要一邊去尋找從破洞溜走的那一隻羊，另一方面也要同時進行補破洞的工作，以免其他的羊隻繼續溜出去。各位讀者，您的看法如何呢？我也認爲，一旦發生「阻礙別人的成長」時，債權人和債務人（雙方當事人）確實都有必要再來轉世，各自修正自己的行爲。

如果只是單純「阻礙別人的成長」，那麼就只有「欠情」，並沒有「欠錢」，可是我們也發現，過去世會發生阻礙別人的成長，往往是和「金錢」有關係。因爲有了足夠的金錢才比較有條件、有能力去溺愛別人、縱容別人，進而阻礙別人的成長。可是到了這一世又會是如何呢？

各位如果看完後面幾個例子就可以知道，「債權人」似乎都會忘記自己的功課，忘記修正自己過去世「我行我素」的行爲。如果您就是故事中的債權人，您的下一世又可能會有什麼樣的命運呢？

債權人在過去世被寵壞了，這一世裡他的習性恐怕和過去世差不了多少，可是債務人欠他的是「情」而不是「錢」，因此債務人未必和上一世一樣，有足夠的金錢讓債權人「再度享受」。有沒有錢，會有什麼差別呢？

如果債務人因爲其他因素，在這一世裡依然擁有很多錢，那麼他就有能力繼續供債權人揮霍，很難體會到事態的嚴重性。等到債務人實在受不了了，才開始想要「教育」或「教訓」債權人時，已經太慢了，因爲債權人的習性比過去世更糟糕。

如果債務人在這一世裡沒有多餘的金錢供債權人花用（因爲阻礙別人的成長是欠情，不是欠錢，所以老天爺不會讓債務人有多餘的金錢供債權人花用），那怎麼辦呢？債權人在過去世裡享受慣了，這一世要他吃苦，怎麼可能會受得了？就算債務人一天到晚嘮叨個沒完（這是最平常的還債方式），也是無濟於事。

如果債權人從債務人身上要不到錢，也沒做出什麼「新惡因」的話，那麼這一世過完，債權人與債務人之間的因果債也就一筆勾銷，還清了。如果債權人明知債務人沒錢供他花用，卻又拚命向債務人「強索」，或轉而向外界「借貸」、「偷竊」等，這麼一來的話，過去世裡的債權人，到了下一世一定就會變成債務人了。

在座談會中有個男性讀者，爲此說了一段非常中肯的結論：

「阻礙別人的成長」的確是常常被大家忽略的「小事」，只不過在這一世裡，過去世裡的「債務人」，是在「償還」自己過去世所造下的惡因；而過去世裡的「債權人」，卻往往在這一世裡，「製造」自己「下一世」的惡因。

＊性騷擾

如果你是一位剛從歐美回來任職的男性主管，你的行事作風正如西方人——對女同事摟摟抱抱、親親臉頰。一大堆的女同事中就有那麼一位不以爲然，認爲你是對她「性騷擾」，還到處說給別人聽，請人評評理。人嘛！就是這樣！在數說別人不是的時候，常常會在不經意間多加了點油、添了點醋。

這些閒言閒語，傳呀傳的，傳到了你的耳朵。這時候的你該怎麼辦呢？我是不知道你會怎麼辦，但是通靈前的我和通靈後的我，處理這類事情的態度就明顯差很多了。說來讓各位聽聽，聽了之後，也許從此之後，你也有可能和我一樣變得很……。

通靈前的我是這樣的——原諒別人，清者自清，濁者自濁，公道自在人心，一切只要問心無愧就好！

通靈後的我是這樣的——把那位認爲被我性騷擾的女同事請過來談一談，說個清楚，並誠心的說聲抱歉，因爲我的舉止造成了她的傷害，也害她誤解了我。如果已經說明得這麼清楚了，她還要誤解我，還要到處說說嚷嚷（造謠生非）的話，那麼她因此而犯下的口業，就不關我的事。

你明白我的意思嗎？如果我沒有把這位女同事請來溝通的話，那麼因爲我知道我的行爲舉止造成她的誤解，又因爲她的誤解而到處破壞我的名譽，又因爲我知道而沒有制止的話，那麼她所犯下的口業，就要由我自己來承擔了。也就是說我阻礙了她的成長，又害她犯下了口業。

如果我對她說清楚了，她還要誤會我、破壞我，那麼犯口業的因果，她就自己看著辦好了。

我只需要對她一個人說清楚，至於她對別人說的事，她自己得去收拾，不關我的事。如果我根本就沒有對她摟摟親親，那麼她憑空造謠惹是非，就算再多的話傳到我耳裡，都可以置之不理，因爲我不必爲沒有做過的事，做任何辯解。

曾經某週刊就對我有過不實的報導，我不必對誰辯說，我採取的方式是，將當時我接受採訪的過程老實寫了下來，然後傳眞給週刊社，澄清我自己的立場。不過，我告訴週刊社，請他們翻開《如來世1——通靈經驗》的〈通靈與催眠〉篇中提到的「是寶物也是致命傷」那一節，我說我不會畫符作法害人，不過老天爺送給我一隻蜈蚣，這隻蜈蚣是我的寶物，也是我的致命傷。我個性強沒錯，不過換個角度想想，我實在是心太軟了，因爲我好心的告訴那些記者，不要有事沒事隨便找人開刀。開口之前、動手之前請先三思，不要到頭來，或者是到了下一世，反而害了自己。

我們不妨來假設一下，台灣一大堆自以爲是的八卦記者，或是一些老是躲在保護傘下，盡說些有的沒的半調子立委，到了下一世會怎麼樣呢？

根據我的經驗，如果他們所說所寫的，並沒有眞正害死人或害對方怎樣的話，光是他們所說的謊話，所造成的社會困擾，和所花費的社會成本，就足以讓他們的下一世或下下幾世，莫名其妙的成爲一個飽受流言纏身的人。不但無法安心的當個普通人，更不用說會賺到什麼錢，絕對會變成沒有人願意和他做朋友的窮光蛋，就連最親近的家人，都不在乎他的存在與否。

更嚴重的，如果就像《如來世1——通靈經驗》的〈有人在跟蹤我〉那篇一樣，到了下一世，自己的內心深處，隨時都會有「心魔」與你常相左右，這樣「自我折磨」的還債方式，你可曾想過？你想親身體驗一下嗎？

也許很多人不相信這一段理論，沒關係，你可以不相信，但是我絕對信以爲眞，並引以爲戒。

平輩與晚輩的教育

只要是對「平輩」或對「晚輩」，尤其是「配偶」、「子女」，我們都負有「教育」的責任與義務，對方如果不對，就是「要說」、「要教」。如果想息事寧人圖個安靜，那麼就是「阻礙別人的成長」，如果還進一步姑息對方、溺愛對方，那麼未來世所將承受的果報，絕對會更加嚴重。

根據我的經驗，如果在過去世裡阻礙別人成長的程度很嚴重的話，那麼在這一世裡，往往債權人就會變成債務人生活中非常重要的角色，不是兒子就是先生，尤其「先生」所占的比例更高。爲什麼呢？老天爺常說的一句話：「很簡單，己所不欲，勿施於人，妳自己先試用看看，看看效果如何。」「反正，人是妳調教出來的，妳就自己去驗收吧！」

一般而言，在平常的生活中母親對兒女總是比較寬容，如果再加上「重男輕女」的話，那麼就更容易「有求必應」。但是對先生的態度就不太一樣了，因爲是平輩的關係，如果做太太的老是一天到晚在爲先生付出、爲他擦屁股的話，很快的，身爲太太角色的這一個人在心態上就會覺得不平衡，就會抱怨，夫妻之間就容易起衝突。

所以當我知道父母溺愛孩子的時候，總會苦口婆心的勸他們：「你們這樣做是阻礙孩子的成長，將來一定會害了孩子，到了未來世，你們還必須陪著孩子一起來轉世，一起接受果報。」然而，我所聽到的答覆往往是這樣：「還好啦！沒有妳說的那麼嚴重啦！畢竟還是個孩子嘛！反正現在大家都生得少，不疼他疼誰呢？」

「如果妳以爲他還是個孩子，妳可以接受他現在的這種行爲，妳認爲妳這麼做並不會阻礙他們的成長，那沒有關係。我再問妳一句話，如果現在妳的孩子變成妳的先生，妳可以接受這樣子的人當妳的先生嗎？不要多想，馬上回答我的問題！不假思索的就回答我的問題！妳是否可以接受像妳孩子這樣子的人，來當妳先生呢？」

告訴各位，到目前爲止沒有一個人回答：「可以！」所有被我問過的人，她們的直覺反應都是：「當然不可以！」回答得既肯定又快速。

更有一些太太們對先生種種的錯誤行爲，例如外遇、飆車、賭博、喝酒、虧空公款等等，總是一再姑息，她們總是認爲，一定是在過去世裡欠了先生，所以這一世是來還債的。再加上一大堆的高僧大德開示說：「你們要歡喜做、甘願受。」於是絕大部分的婦女，總是採取認命或逆來順受的態度面對自己的婚姻生活。

對於這些太太們，我也是這麼說：「沒關係！妳再繼續姑息下去好了！反正到了下一世，他一定還會再來轉世繼續當妳的先生，如果不是當妳的先生，也一定會當妳的兒子。而且我還可以向妳保證，他的習性一定和這一世裡的習性一模一樣。妳要怎麼做隨便妳，反正先生又不是我的，也不是我要嫁給他！」

不是我愛「嚇唬」人，也不是我愛雞婆，我這個「通靈人」的職務，一樣也是「不要阻礙別人的成長」。我也會害怕，害怕像妳們這種不用大腦做事的人轉世來當我的親人，來找我要債，那我可就累了。

不要老是爲對方擦屁股或者替他收拾善後，如果妳實在是錢多，那麼妳就給他吧！但是我告訴妳，妳只要給第一次，一定就會有第二次，有了第二次，下一次他還是一樣會來找妳的。

我常常反問這些人：「你又怎麼會知道，在過去世的時候你到底欠了對方多少錢、多少情、多少命呢？你又怎麼會知道在這一世裡，你就一定是債務人呢？就算是我說的，你又爲什麼要這麼迷信呢？搞不好是老天爺在考你呢，看看你會不會用點智慧去處理這一方面的問題。」

「那我到底要怎麼辦才好呢？我實在是不忍心看著他受苦、難過，如果連我都不幫他的話，就沒有人可以幫他了，他一定會完蛋的。」

「連吃飯都出問題的時候再出手幫他！否則的話，盡量讓他學會爲自己的所作所爲負責！」這是我一貫的答案。直到目前爲止，只有一個讀者確實這麼做。

她說：「這一招眞的很管用！我女兒已經二十五歲了，未婚，有一個小孩，什麼事都賴著我，到最後我沒辦法，只好一天給她一百元，告訴她這是午餐的飯錢和上班的車資，早、晚餐妳可以在家裡吃，其他的花費我一概不給，妳自己看著辦！她只好乖乖地去上班。」

有的人會說：「可是，只要我多說他幾句或是不答應他的要求、不按照他說的話去做，他就會翻臉，對我發脾氣，大吵大鬧的，甚至動手打我，我又該怎麼辦呢？」

「當然要先學會自衛，妳不要一天到晚對他嘮叨個沒完，對方一定會受不了的，要數說別人的不是也要會看時機，最好是選擇在浪漫一點的時候，先說一些他的好處，再順便說一些他的缺點。也就是說，先灌點迷湯再下手，然後再一步步、慢慢地想辦法改變他的習性。如果對方眞的動手，那麼就收兵適可而止，不要爲了說他的不是而傷害到自己的生命。」

老天爺的計算方式是，你不能不數說他的不是，但也不是叫你一天到晚說個沒完，教育他人是需要用點心思和技巧的，只要你有心，不阻礙對方的成長，只要你鍥而不捨地進行，老天爺一定會明察秋毫的。

*自己先試用看看

姊姊與弟弟的關係。在過去世中姊姊是祖母，而弟弟是她唯一的孫子，祖母愛孫心切，成天背著他捨不得讓他走路，直到五、六歲了還是如此。這個不用做，那個不用做，連生他的媽媽也不能多說他一句。那一世裡的他可眞好命，茶來伸手飯來張口，日子過得很舒服。

「你們的關係很簡單，姊姊阻礙弟弟的成長而已，姊姊可累了，因爲阻礙別人的成長是非常嚴重的因果罪。因果罪中，最重的是自殺，第二是害死別人的生命，第三就是阻礙別人的成長。我一再強調，然而能夠聽進去的人少之又少，妳就是一個很好的例子。」不用我多加敘述，各位就可以想像，這一世裡的弟弟一定是個抗壓性很差的人，而姊姊一定是爲他煩惱不已，罵他不會想，氣他吃不了苦，恨他不夠獨立。

「妳結婚了沒有？」

「結婚了。」我本來以爲她應該是沒有結婚才對。

「阻礙別人的成長」屬於「欠情」的一種，通常老天爺的處理方式，是把債權人變成債務人的「先生」或「兒子」（有時候也有可能是其他的角色，不過通常是很密切的親屬關係）。這個先生或兒子成天無所事事，往往不知天有多高、地有多厚；而那個做太太或做媽媽的，整天數落他的不是，卻起不了任何作用。沒辦法，在過去世中他們已經被「溺愛慣了」，被「寵壞了」，根本就無法體會「一分耕耘，一分收穫」。

我常說：「妳覺得妳並沒有在寵孩子，妳覺得妳兒子這個樣子還好，沒什麼關係，那麼請妳回答我一個問題，如果我把妳這個兒子送給妳自己，當妳的先生，自己先試用看看，妳要不要呢？」到目前爲止，沒有一個媽媽點頭說好，每個媽媽都是馬上搖頭，不然的話就是苦笑。

「妳們都很自私嘛！當兒子可以，當先生就不行了，既然妳自己都不接受這樣的先生，爲什麼妳們要養育出這樣的孩子，讓他去當別人的先生呢？我絕對不是在騙各位，如果妳們阻礙孩子們的成長，我可以和各位保證，到了下一世他們一定會轉世變成妳們的先生。老天爺的理由很簡單，祂們認爲既然是妳們養育出來的孩子，自己就先試用看看，看看這樣子的先生好不好用。老天爺很公平——己所不欲，勿施於人。」

第二個問題，姊姊問她自己和先生的關係。在另一世裡，他們兩人也是夫妻關係，只不過太太的事業做得很好，先生是她的手下。開會的時候，她爲了讓部屬覺得她很公平，於是常常當著衆人的面前數說先生的不是。日積月累，有一天先生一氣之下離開座位，拉開大門走了出去，從此再也沒有回來過。

「固然，先生一去不回頭也不對，可是妳對他的態度那樣強勢，絲毫不給面子，也難怪他會出走了。妳做錯在先，他錯在後，兩個人都有錯。不過，從前後這兩個因果故事中可以發現到，妳的個性實在很強很喜歡掌控別人，如果我是妳先生，我也會想要離妳遠一點。」

「我先生他現在人在大陸，他對我很好，我想帶孩子到大陸和他一起住。」

「如果我是他，我一定會說不要！」

「對！我先生不答應，他不希望我們去找他。」

「爲什麼？」

「其實也是有很多因素的。」她欲言又止。

「妳還記得第一個問題，我問妳結婚了沒嗎？因爲我知道阻礙別人的成長是非常嚴重的因果罪，通常老天爺的處理方式是讓債務人轉世變成債權人的太太，讓當事人自己去體會看看，看看溺愛別人的後果是如何。妳想想看，妳先生在大陸，他又不希望妳帶著孩子過去和他同住，而妳弟弟又還沒有結婚，留在台灣的妳一定一天到晚在煩惱弟弟的問題。想想看，這時候的妳豈不像是弟弟的老婆嗎？」

「對！我先生把我留在台灣，有一些原因就是因爲弟弟的關係。」她不多說，我也不勉強，因爲弟弟就坐在她旁邊。

「謝謝妳來參加今天的座談會，讓我們印證到阻礙別人的成長是多麼嚴重的一件事，妳想想看，阻礙弟弟的成長，是屬於欠情的一種，而妳自己在另外的一世裡，也是欠先生的情，一樣是屬於欠情，可是比較起來，阻礙別人的成長卻是欠情中最嚴重的，所以，妳就得爲了弟弟的事而無法到大陸和先生相聚。」

＊買車賣車

這一對母子在過去世裡是夫妻的關係，兒子是先生，媽媽是妻子。過去世的時候，這一對夫妻很有錢，因爲父母留下很多遺產。先生好吃懶做，不事生產，鄉親們好心的告訴這一位太太：「妳應該勸勸妳先生，不要老大徒傷悲。」太太卻回答鄉親們說：「沒關係！反正我們家很有錢，這一世花不完的。」就在太太的姑息之下，那一世裡的先生什麼本事也沒有學到，就只會吃喝玩樂。

「妳要不要替兒子償還很多錢呢？」

「已經還很多了。」

「在過去世裡……。所以在那一世裡，妳阻礙了先生的成長，這是非常嚴重的因果罪，妳不要小看它。」

「那我兒子將來的事業會怎麼樣呢？」

「如果妳還繼續替孩子善後的話，那麼鐵定完了，因爲從因果故事中我們就可以看得出來，妳兒子在這一世裡一定是個沒有辦法吃苦的人，一個人如果沒有辦法吃苦，妳能期望他會有什麼樣的成就呢？」

「可是他畢竟是我的兒子。」

「沒關係，如果你用這句話回答我，那我也就沒話說了。我再提醒妳一點，如果妳不好好教育兒子的話，那麼我看到的畫面是他會被關。」

「妳的婚姻還在不在呢？」她的第一個問題，就是問與兒子的關係，可是會有這麼嚴重的果報，就表示她一定是「非常地」阻礙孩子的成長。

「我是未婚媽媽，兒子是獨子，是我一手帶大的。」眞的是一點都逃不過因果的基本運作模式，我眞的很佩服祂們。

「妳知道嗎？我爲什麼會問妳的婚姻還在不在呢？因爲像這麼嚴重的阻礙別人的成長，照理說，債權人應該轉世變成妳先生才對，不會只轉世爲兒子，所以我才會懷疑妳的婚姻是不是出了問題。因爲老天爺一定會讓債務人自己先試用看看，看看自己調教出來的人這一世會變成什麼樣子，讓妳自己體會看看，試用的效果是如何。」

「妳想想看，他是妳的獨子，而妳又沒有先生，那麼妳兒子的地位還眞的是變成一家之主，就像是妳的先生一樣。能不能告訴我們，妳兒子在這一世到底是怎麼了？好讓在場的朋友見識一下因果輪迴轉世的厲害。」「其實，我並不是從小就溺愛或姑息我兒子，孩子三歲的時候，我就帶他去學畫畫；四歲的時候，帶他去學鋼琴，我都是自己親自帶他去學好多東西。我想盡辦法讓他去讀私立學校，就是因爲怕他交到壞朋友而學壞。我把他帶在身邊，完全不讓他和外界有所接觸。直到他考上專科的時候，才第一次眞正開始與外界接觸，從此之後就變了。我買車給他，只要他缺錢就把車子賣了，我只好再買車給他，然後他又缺錢，又把車子拿去賣，事情一再重演。後來，爲了某些事他還被關，當兵的時候，也出了狀況……，反正我就是一直在幫他還債，幫他擦屁股就對了。」

＊姊弟的因果

姊姊四十歲左右，事業有成，弟弟三十多歲，在姊姊的公司上班，兩人都未婚，他們想知道兩人之間有沒有因果關係。

過去世裡，姊姊是父親，是樂善好施的事業家，弟弟是他的女兒，長得非常可愛，只可惜天生是小兒痲痹患者。這個事業家因爲妻子難產死掉，再加上女兒天生的殘障，於是對女兒百般呵護，就只差天上的星星沒辦法摘下來給她。

畫面停格在女兒大概五、六歲大時，她咬著牙，努力攀拉著牆壁上的欄杆，想要利用自己的力量站起來。這時候，父親出現了，馬上把她抱了起來，一臉心疼的樣子：「我不是告訴過妳了嗎？妳的腳不方便，只要出個聲，傭人馬上會來抱妳、伺候妳的。」女兒很不高興：「可是我想要用自己的腳站起來看看！」那一世就這樣，這個父親心目中的寶貝女兒，一直有傭人隨侍左右，從來沒有腳踏實地過。

「如果因果故事眞是這樣的話，那妳就累了，因爲你的一片好心和一生的溺愛，永遠阻礙了女兒的成長，因此雖然你爲女兒付出了那麼多，但是因果裡你卻是欠她的，你變成了債務人，女兒才是債權人。也就是說，在這一世裡的弟弟才是債權人。你害女兒不能獨立，同樣的，在這一世裡，妳就有可能還要繼續照顧和妳一起來轉世的弟弟。」

「沒錯，我弟弟每次到外面上班，總是待不了多久，幾個月之後一定會回來吃自己。他人緣很好，就是適應不良，我很心疼他，只好盡量想辦法開個公司讓他管理，若是他做不好公司關門了，那我只好再開一家。」她一臉無奈的說著。

我告訴弟弟：「那你就要自己想辦法了，如果你老是適應不良，除非姊姊一輩子有本事照顧你，否則你該怎麼辦呢？三十多歲，不小了，很多人早就成家立業，可是你看起來還很嫩的樣子。就算是姊姊欠你的，你想想，在這一世裡，你如果還是沒有學會自立，到了下一世又該怎麼辦呢？難道歷史還要重演嗎？別忘了，上一世，你小兒痲痹，這一世，你可正常得很。」

「同樣的，我也要勸勸做姊姊的，弟弟已經這麼大了，就算你欠他，如果你還是像上一世那樣溺愛他，爲他舖路、爲他打先鋒，妳根本是在害他，不是幫助他。如果妳沒有想清楚，把事情做對，那麼保證妳下一世還得繼續還妳弟弟。弟弟不會想，妳也不會想，那麼到了下一世，也許老天爺就把弟弟變成妳的智障兒了。」

這種因果是我最不樂意見到的，因爲債務人往往只知道還債，卻不知道傻傻的還債，雖然可以把過去世的債務淸償完畢，但是沒有「智慧」的還債方式，卻又爲自己造下了另一個「惡因」。

所以我常常強調，慈悲是好，但是一定要有智慧的慈悲，否則一味的爛慈悲，只會製造更多的家庭、社會問題而已。還債是應該的，感恩也是必要的，但是該講、該勸、該罵、該阻止的，還是一定要說出口。如果對方不聽、不接受，沒有關係，至少你這一方面沒有犯下「阻礙別人成長」的罪名。

*是妳把我寵壞的

畫面停格在「酒家」中，有個男子年約三十多歲，正在「花天酒地」。故事是這樣的，男子的父親早逝，留下了大筆的遺產，因爲他是獨生子，所以母親非常的寵愛。男子結婚之後還是常常流連在酒家，妻子氣不過於是向婆婆告狀，沒想到婆婆卻說：「沒什麼關係啦！反正他爸爸留下了不少錢給他！」媳婦一氣之下離家出走。雖然他在那一世，在「酒家」裡談成了不少生意，也賺了不少錢，但賺的都是一些「違法生意」的錢。

到了這一世又是如何呢？很簡單，老天爺「最常用」的處理方式還是那一招——「留給你自己先試用看看吧！」既然對方是你教育出來的，教得如何呢？自己親身去驗收一下就知道效果如何了。

這一世，兒子是先生，母親是妻子（這是阻礙別人成長最常用的兩個對比角色）。結婚之後，先生就開始「花天酒地」，婚姻走了將近二十年，但是先生從來就沒有拿錢回家過，不但如此，還一天到晚回家要錢。家中所有的錢都被他花光了，還強迫太太向親朋好友借錢，如果不給，就到太太服務的單位大吵大鬧。如今，已經沒有親友願意再借錢給他太太，可是他還是不肯罷休，還逼太太去辦現金卡給他用。

這當中，他也曾對太太動粗過，太太還一度跑到婦女保護協會躲了一陣子。雖然兩人已經離婚了，先生卻還是不肯搬出去住，繼續對太太動粗、要錢。如果要錢也就算了，還把在外面和別的女人生下來的孩子帶回家來，要太太幫忙照顧。

就像他對太太說的話：「我心中所愛的還是只有妳一個人！」當然了！太太能夠爲他籌錢供他花用，當然要愛！有一次，太太實在是氣不過頂了先生一句，先生倒是說了眞話：「都怪妳把我寵壞的！」的確如此，當先生到台北上班的時候有了外遇，溫柔婉約的太太卻這麼想：「唉！我又不能到台北去陪他，男人嘛！總有生理的需要！」

自殺

經濟不景氣，失業率居高不下，數百億的就業基金也不知用到哪裡去了。貧賤夫妻百事哀，太太離家出走，失業父親帶著子女投河自盡的例子不勝枚舉。教改亂象，家長與老師不知如何應對，而學生們才藝要會，公益要做，功課更不能退步，最後實在承受不了，只好選擇往下一跳。年老久病、男女感情失和、工作壓力過大、事業不順、外貌過醜等……，也都是自尋短見，以爲從此便可一了百了。

很多人問我，像這種大人帶著小孩一起自殺，或是動不動就自殺的人，不管他們是用何種方式自殺，例如開瓦斯、吃藥、投河、跳樓、縱火、割腕等等，這些自殺的人在過去世的行爲，到底是怎麼了？不然的話，爲什麼會這麼不珍惜自己的生命，偏偏要走上自殺的不歸路呢？

問的人很多，但是我有我的原則——如果你不是當事人，或者不是當事人的家屬，那麼我就不會調閱資料供你做參考。再說，我也不能隨隨便便就用他人的自殺案例來作解讀，因爲因果案例的答案並非唯一，模式也不是絕對。換句話說，不同的原因也許會有相同的結果；相同的原因，也許會有不同的結果，怎麼可以全盤概括認定呢？如此不負責任的說法，我做不出來。

例如有人問：「昨天有一則新聞報導，有一個父親因爲失業又罹患癌症，不僅自己服毒自殺，還強灌他的三個子女毒藥，造成一家四口服藥自殺的人倫慘劇。請問，他們在過去世裡，是種下了什麼樣的因，才會有這一世這樣的果報呢？如果他們的自殺並非過去世的因，純粹是這一世才發生的因，那麼到了未來世這一父三子女，又可能會有什麼樣的果報呢？」

對不起！我不會爲你調因果故事，我也絕不會因爲自己的好奇，而爲自己調閱他們的因果故事，所以我無法針對你所舉的個別案例作答，我只能根據自己服務過的案例現象作解說。

很簡單，就算好奇也得尊重當事人，遵守職業道德，除非是非常重大的案例，一般社會大衆皆知道，並且還有特別的「警世」作用。最重要的是當事人或他的家屬來找過我，曾經爲他們調過資料，否則的話，我哪來的因果故事可以說分明呢？自殺的人到了下一世，可能會有什麼樣的果報呢？最直接的果報是——自殺的當事人必須要帶著當時的「心結」與「病痛」，才能來轉世。來轉世做什麼呢？重新再來考一次！好心的老天爺，不忍心看見他們必須「單獨」面對自己的考題，所以在自殺者的身邊安排了適當的人選，希望藉由適當的人選，陪他們考過這一關。

心結

他的思想會「怪怪的」，那就是心結，他會把過去世不良的「習性」直接帶到這一世，如果他又碰到相類似的遭遇，那麼就有可能會再度想要自殺，或有逃避問題的傾向。嚴重一點的那就慘了，依樣畫葫蘆，在這一世裡，又選擇用自殺的方式結束自己寶貴的生命，更奇怪的是，竟然連自殺的方式都一樣。

我不是在唬人，從九十二年五月一日起到六月二十日止，短短的五十天當中讓我見識到，因果輪迴轉世所帶來的「習性」居然會如此可怕。那五十天當中我總共看到五個案例，這五個人過去世怎麼自殺，在這一世裡也都採取相同的方式自殺成功了。

不要以爲對方是這麼問的：「我的某某自殺死了，請問，有什麼因果關係嗎？」錯了！來問事的人都挺聰明的！他們是這麼問：「請問，我和某某在過去世裡，有什麼因果關係呢？」等到我告訴對方因果故事之後，並且語氣強烈的警告他：「你要小心你的某某，因爲根據我的經驗，過去世自殺的人到了這一世，通常都還會想要用自殺的方式來結束自己的生命。」

對方這時候才接著說：「我的某某已經自殺死了。」我一定會再追問：「怎麼自殺死的呢？」「和過去世一樣的方法！」各位，我的因果理論其實只是大家生活經驗的累積罷了。

換句話說，在這一世裡如果碰到和過去世差不多的情境時，因爲個人的習性使然，這些人往往就會採取和過去世一樣的應變模式，他們會用「自殺」的方式來解決問題。不只是他們會如此，一般人也一樣，會把過去世的行爲模式（習性）直接帶到這一世。所以，我才會一再強調，如果想要改變命運，最快的方法就是改變自己的習性。

就像在大學裡念書一樣，哪一科被當掉就重修哪一科，至於能有幾次補考或重修的機會，還有限制呢！祂們秉持的理論基礎很簡單，也很容易懂——「哪裡跌倒，就哪裡爬起來」。

很多人問我，爲什麼不讓這些自殺的人留在地獄裡受苦、受罰呢？各位，您不妨想想看，從電視新聞的畫面中，我們常常可以看到一些犯案者被警察帶到犯案現場，做模擬犯案的過程時，往往會被受害者家屬或打抱不平的人群打得鼻青臉腫、頭破血流，你想他們會好過嗎？如果換成我是犯案者的話，我寧可被關在監獄裡，有吃、有喝、睡得安穩、生活無缺，只是沒有自由罷了，但是絕對不必像過街的老鼠，人人喊打！

萬一我這個犯案者沒有被警察抓到的話，能夠天天心安理得過日子嗎？不可能的！我一定是一天到晚心驚膽跳地害怕被別人認出來、被同夥出賣、被警察抓到。所以很多犯案者，當他被警察抓到的時候，反而是鬆了一口氣，因爲，從此有地方可以安心的吃飯睡覺了（我曾經去看守所演講，牢房雖然很小，但是總比在外面懸著一顆心過日子好多了）。

祂們認爲沒有必要建造「天堂」或「地獄」，天堂與地獄就在人世間，就在你、我自己的心中，「佛自心中來」，方寸之間就是無垠。

所以很自然的，祂們讓這些人在最短的時間內再度投胎轉世爲人，讓他們自己直接再來面對自己「被當掉」的科目。爲什麼要這麼快就讓這些人再來人世間走一趟呢？因爲怕時間拖久了他們會忘得更多，所以才會安排在最短的時間內，讓他們針對「同樣的科目」再來考一次，看看是否能夠「勇敢地」、「正確地」寫完每一道考題。

也有人會說：「老天爺未免太殘忍了。」剛開始的時候我也如此認為，但是久了之後，我也向祂們學習，該說、該教、該罵、該狠、該拒絕的時候，就該如此，不要濫慈悲！不要阻礙別人的成長！

另一個原因——「早還早了業，早考早畢業。」如此而已，何必要拖延時間呢？人身難得，人生哪堪浪費？早點重修，早點通過考試，早點取得學分之後，就可以再選修其他更進階的課程，學習的過程不就是如此嗎？

病痛

因果的罪名，以「自殺」為最重，排名第一。不要以為自殺死了，所有的一切就可以一了百了，你可以大言不慚的說：「我只是害死自己，又沒有傷害到別人！」是啊！你只不過是害死自己而已，就算沒有傷害到家人的肉體，也沒有傷害到他們的心靈，但是你卻破壞了

「天理」、「天法」。

天理、天法規定，一個人的轉世是爲了還債、報恩、學習、考試與服務，可不是爲了要讓你自殺。想想，如果點火燒燬鈔票，有沒有犯罪呢？那是屬於你自己的錢喔！因果輪迴轉世規定，只要在過去世裡不好好地照顧自己的身體，那麼到了這一世，就一定會有相關的果報等著當事人自己去承受（請參考〈身體的疾病〉那一篇），更何況是「自殺」呢！

在座談會裡，我常對那些想要自殺的人說這一段話：「如果你想要自殺的話，我不會反對，反正我也不是你的家人，我不會難過，也不會爲你惋惜。等我把不同的自殺方法，到了下一世可能會產生的果報告訴你之後，你好好的想一想，看看你比較喜歡哪一種果報，再決定自殺的方法。」

當座談會即將結束的時候，我回過頭，問剛剛想要自殺的那一位朋友：「你決定採用哪一種方法自殺呢？」答案都一樣：「我不要自殺了！」

如果過去世自殺的人，到了這一世，他的身體可能會有哪些問題呢？（這些資料不是我瞎編出來的，而是從問事者的因果故事中稍微做個統計與彙編之後，得出來的結果。）

上吊自殺：腦部幾乎都會出問題，不是腦部有病變就是精神方面異常，頸部也易有毛病，那是因爲缺氧的關係。

跳水自殺：呼吸器官容易出狀況，心肺功能可能也不好，腦部也常會出問題，是溺水缺氧所導致。

割腕自殺：因爲是血液的問題，所以常會出現屬於血液或免疫系統等全身性的疾病。

服毒自殺：喉嚨、腸、胃等消化器官及肝、腎等排毒器官可能會不太好，也常會出現與皮膚、神經系統、免疫系統有關的全身性疾病。

切腹自殺：大部分是腰部、腹部，或這個位置的內部器官容易出問題。

跳樓自殺：全身的筋骨容易出問題，尤其是背部、手部、腳部等。

縱火自殺：各位不妨猜猜看，可能會有什麼疾病發生？

如果自殺是爲了大愛或小愛而犧牲，例如：情報人員被對手抓到，爲了國家整體安危的考量，或怕傷及無辜因而自殺的話，當然是另當別論。

適當的人選

祂們就是這樣，照規矩該怎麼辦就怎麼辦，一定是按照「法、理、情」的順序來進行，很少有轉圜的餘地。如果讓這些在過去世曾經自殺過的人直接轉世，卻又因爲過去的習性使然重蹈覆轍，那麼老天爺的慈悲與智慧何在呢？有必要讓這些人陷在自殺的泥淖中，永遠跳不出來嗎？

不會的！祂們絕對是慈悲的，但絕不是濫慈悲，自殺的人該學、該做、該改進的，還是得由他們自己來面對，老天爺只會在他們身邊安排適當的人選，幫助他們成長。這些被安排在自殺者身邊的人（欠債還債型、學習型、有恩報恩型、父母），又是基於什麼樣的「前因」之下，而有這一世的「後果」呢？

＊第一種：是基於「欠債還債」的原因。

例如，在過去世中兩人是男女朋友的關係，互相承諾要結婚，後來一方移情別戀，假設是男方好了，害得女方在傷心欲絕之下，選擇自殺作無言的抗議。既然有了承諾卻反悔，那麼就有債權債務的關係，因此男方就是債務人，女方就是債權人。在這一世中，男方也許轉世爲母親，女方變成她的女兒，當女方到了青春期的時候，如果碰到感情的不順遂，可能就會有自殺的傾向。

還有一個重點，如果傷害別人致死，到了這一世，要償還到什麼程度，才叫做還完了呢？

一句話——「不是你死，便是我亡」，直到任一方斷氣了，這個債務才算結束。通常先斷氣的往往是債權人，爲什麼呢？因爲債務人必須要照顧債權人，所以他怎麼可以先走一步呢？如果債務人先死了，那麼債權人大概也活不了多久，除非還有別人欠他，必須要照顧他的身體。

因果罪中，排名第一的就是「自殺」，第二是「害死別人的生命」。如果走到「欠命」，那麼「欠情」、「欠錢」就得跟著一起走，而「欠命」的主要還債方式就是「照顧債權人的生命」，所以一旦害死別人的生命，當然就得照顧對方一輩子了。

前面所提這一個男朋友移情別戀的例子，有一位讀者聽了很不以爲然，她說：「如果這麼小的問題，就有這麼嚴重的果報，那麼現在社會上一大堆說話不算話的人，不是全部都完蛋了嗎？現在的男女朋友交往動不動就換來換去，哪有人在乎承諾。」是啊！她說得一點都不錯，可是因果理論也沒有冤枉別人啊！

「在場的朋友，我想請問一下，你們的時代有這種情形發生嗎？在我的時代，我們都是很守信諾的。」

「沒有！我們也都是很守信的，說話就一定算話。」很多年紀大約四、五十歲的女士回答我的問題。

「何止守信，我們連手都不敢牽呢！」男士也發表了他的看法。

「妳不要用妳的觀點來看待所有的人，不守信是現在年輕人的作風，我們這一代可沒有這樣。」

＊第二種：是基於「學習」的原因。

我們同樣用前面的這個例子，如果男女雙方並沒有任何承諾，當男方變心愛上別的女孩，女方因爲想不開而選擇自殺，請問，我們能責怪男方嗎？

如果你是男方，會不會難過、會不會自責呢？如果你「放不下」，你「覺得內疚」的話，那麼就會有「心結」。一旦有了心結，老天爺就會善用你的心結，請你來幫個忙，幫助女方走出自殺的陰影。

那一世，當男方帶著「心結」而死的時候，老天爺就會去找他：「你看看，雖然你並沒有錯，但是她卻因你而死了，既然她這麼愛你，我想，也只有你才有辦法幫她忙，幫她在未來世走出自殺的陰影。你轉世去勸勸她，如果你有辦法讓她學會不再用自殺解決問題，那麼我們就會增加你的修行分數，如果你無法度她，我們也不會怪你，不會扣你的分數。」祂們能言善道而且很會循循善誘，對方往往很容易被說服，因爲他自己有「心結」！

在實際的生活中，男方對女方會很照顧，因爲他就是覺得內疚，所以才會有心結。可是在因果理論中，男方完全不欠女方，他非但不是債務人，而且還是債權人，因爲是他答應來幫助女方的。

也就是說，在過去世的行爲當中，並沒有發生所謂債權債務的關係，可是，當男方答應轉世來幫助女方的時候，這個答應老天爺的動作就是施恩，他就是施恩者，是債權人；而女方則是受恩者，就是債務人。

爲什麼我要教各位分辨誰是債權人、誰是債務人呢？因爲在這一世裡，男女雙方轉世爲夫妻，萬一他們想要離婚，只有在債權人提出離婚要求的前提之下，才容易離得成。

各位，不知道您是否看懂了呢？這一對夫妻在過去世裡並沒有債權債務的關係，純粹是男方爲了幫助女方而轉世結爲夫妻，所以這一世的所作所爲只是「因」而非「果」，未來世才是「果」。

在這一世，即使他們想要離婚，其實也不足爲奇。雖然男方表現得像是個債務人，可是眞正的債務人卻是女方，然而她表現出來的行爲卻像是男方欠她的一樣，因爲，女方在過去世裡就是氣男方愛上另一個女孩，所以才會自殺。在這一世裡，當她再度遇到男方的時候，潛意識裡就想要拚命抓住男孩，另一方面，又想要報復男孩。你想，他們的婚姻會好過嗎？如果女方還帶有自殺的習性，那又該怎麼辦呢？

但是，這對夫妻如果想要離婚還眞的是很不容易，爲什麼呢？哈哈！因爲後面有老天爺在撐腰！別忘了！剛剛我不是有提過嗎？提起老天爺去找男方遊說的事嗎？男方不是答應老天爺，願意在這一世裡來幫助女方的嗎？別忘了！男方對老天爺有個承諾在先。

我常勸人：「不關你的事，就不要把它放在心上，要學會捨得、學會放下，否則一旦你有了心結，就很容易被老天爺利用。」

也有一些比較特殊的狀況，例如，女孩過去世的親朋好友或是當時一些關心她的人，自願轉世來幫助她，也屬於這一種。第二種人選的特性是，他們就算有過去世的故事發生，但是並沒有造成債權債務的關係，所以這一世的相處才是因，未來世才是果。

爲此，我也常說：「一定要學會珍惜人與人之間相處的情緣，因爲你永遠不知道這一世的相逢，到底是因還是果？」

＊第三種：是基於「有恩報恩」的原因。

有心的老天爺在這裡又出現了（請參考《如來世3——因果論一》的〈有恩報恩〉篇中「有心的老天爺」那一章）。通常這種情形當事者雙方互不認識，我們還是假設女方自殺，但是男方是救她的人，不管有沒有成功，女方都得來報答男方的恩情，如果男方死後沒有對老天爺說：「我施恩不求回報。」那麼男方就是施恩者、債權人，女方則是受恩者、債務人。

再假設女方自殺的原因是不能怪罪於任何人，因此也就沒有如第一種情形所提的，有個債務人必須來還她的債。如果像第二種情形，對方那個男孩並沒有心結，或即便是有心結卻沒有答應老天爺願意去幫助女方，那又該怎麼辦呢？誰有能力來陪她轉世、來幫助她呢？

這種情形之下，老天爺並不會遊說男方，而是直接讓男女雙方投胎碰面。如果女方在過去世自殺之後，覺得自己做錯了，那麼她就有可能會想要報答男方的恩情。可是如果女方自殺的心意堅決，而且不希望獲救，那麼，她又怎麼會願意報答男方的恩情呢？

不管她怎麼想，畢竟她仍是個債務人，債務人沒有選擇的餘地，更何況債權人並未說：

「施恩不求回報！」只要債權人沒有說，那麼在因果輪迴轉世的規則下，「預設值」就是——「有恩，要報恩」。

老天爺利用男方來接受報恩的這一世，順便考考他的智慧。祂們認爲，在過去世男孩救女孩是一種慈悲的表現，那一世男孩死後也許就可以升天，卻因爲不知道「施恩不求回報」的法則，於是只得再來投胎轉世，接受女方的報恩。

老天爺覺得，這並不是男方的過錯，由於他對因果輪迴轉世的運作模式並不了解，因此才會有這樣的結果。老天爺於心不忍，於是就利用這次轉世，「提前考」這位施恩者的「智慧」。

如果說，過去世他救了女孩，並向老天爺表明「不求回報」，也許他就可以升天，可以從「天界」的幼稚園小班開始讀起（請參考《如來世3——因果論一》的〈考試〉那一篇）。

他在這一世裡，如果有辦法可以讓女孩不再自殺，老天爺就會在他的「智慧」修行上加很多分。假設他自己其他方面的行爲都符合升天的要件，當他這一世死後也表明「不求回報」，那麼這一次的升天一定可以跳級，一跳，也許就可以從幼稚園的大班讀起，因爲升級的「智慧考試」，他提前通過了。

第四種：如果前面所提的三種情形都沒有發生，那麼，還有誰願意陪自殺的女孩轉世幫助她呢？在這種情況之下，誰會是最佳人選呢？「父母」！

如果不是父親就是母親，爲什麼呢？因爲父親與母親的角色是天職也是使命！再說，父母與子女在過去世裡就已經有基本的相處經驗，所以這一世再來相聚，會比較容易進入狀況，也會更容易了解自己的孩子。所以如果沒有其他的因素，父母就必須爲「自己對孩子的教育結果」負責。

結論

自殺的人很快就會轉世，不僅帶著因自殺而產生的病痛，還得帶著當時的心結一起來轉世。老天爺一定會讓他再度面對他在過去世所逃避的問題，直到他學會「不以自殺解決問題」才算考試通過。也就是說，哪裡跌倒，就想辦法再從哪裡爬起來。

當自殺者再來轉世的時候，慈悲的老天爺一定會在他身邊安排適當的人選，幫助他學會不用自殺的方式解決問題。這個人選也許是他的債務人，或者是他的債權人，或者是他的父母，或只是個好心人而已。

＊又落水了

「我想知道我妹妹的身體。」她年約四十歲。

「過去世……，那一世她選擇跳水自殺結束生命，所以她的心肺功能可能會不太好，另外腦部也可能會出現問題，可是我最擔心的是她的思考模式，因爲她很可能會把過去世自殺的習性直接帶到這一世。根據我的經驗，如果碰到相同的狀況，她甚至有可能會像上一世一樣，選擇跳水自殺解決問題，妳要很小心，假如妳妹妹碰到和過去世相同的問題時，一定要非常注意她的行爲。」

「已經發生過了。」

「什麼意思呢？」

「我妹妹現在已經三十多歲，她在十七歲的時候有一天被別人帶回家來，全身濕淋淋的，原來她跳水自殺獲救。這些年來，她的精神狀況時好時壞，我們問了好多地方，也看過好多醫生，但都無法治癒。」

「對不起！我幫不了妳們的忙，因爲時間已經隔這麼久，就算我說一個因果故事讓她解開心結，如果離第一次精神問題發作的時間超過一、兩年的話，通常已經傷害到她的肉體，那就不是我說一個因果故事可以解決的，我建議妳還是帶她去看精神科醫生。」

後來，姊姊也帶妹妹來參加過座談會，但是我仍幫不了忙。

＊改變主意

她是個二十多歲，面貌長得很娟秀的女孩，想知道關於她身體的因果。

「妳的腳不太好，而且妳的思想有點問題，有時候會有輕生的念頭。」

「還好啦！不過我的腳眞的不太好，醫生說是肌肉萎縮症。」

「能不能讓大家看一看呢？」她伸出雙腳讓大家瞧一瞧。

「我看到的是在過去世裡，妳因爲某個原因而萌生自殺的念頭。妳選擇從高處跳下來想要結束自己的生命。妳是從城樓跳下來的，可是在跳下來的那一瞬間後悔了，這突發的念頭一轉，妳的身體動了一下，可是已經來不及了，妳雖然沒死，可是腳卻先著地，雙腳傷得非常嚴重。」

「我從因果故事中看過很多人自殺，有上吊的、跳水的、割腕的、切腹的、還有吃藥的……，但是沒看過從高處跳下來的，妳是第一個。以前有人問我，如果跳樓自殺，可能會有什麼樣的果報？我都說不知道，因爲我沒有看過，所以不能隨便回答。」

「那我妹妹又是什麼原因呢？她一樣也是雙腳肌肉萎縮。」

「妳妹妹不是跳樓自殺，她是在過去世裡惡意剁掉別人的腳筋害人致死，這是很嚴重的因果，屬於欠命還命的一種。不過債權人原諒她，沒有隨她來轉世，因此還債的方式是天譴、劫數，也就是說，把過去世債權人腳痛的滋味，讓她在這一世裡親自體會。如果她的因果故事眞是如此，那麼，她的病情一定比妳還要嚴重。」

「對！我妹妹和我同時發病，可是到目前爲止，她比我嚴重多了。」

＊雙手被綁著

這一場座談會很特別，二十個人當中：有一個在過去世曾經自殺身亡，目前是躁鬱症患者；有一個小姐的母親，兩個月前才跳水自殺身亡；有一個年輕少婦，因爲沒有替夫家生男孩，被迫離婚之後很難過，在這一世裡已經有過自殺未遂的紀錄；有一個五十多歲的太太，她的先生一個月前，在國外意外身亡（夫妻倆快樂出遊，卻是由太太捧著骨灰回國），也難過得想要自殺；有一個小姐因爲與男友的官司問題，正想要自殺的時候來到了鬱金香咖啡屋，兩個星期後，她又來參加座談會，不過她已經走出自殺的陰影（兩個星期後，她又和姊姊來參加座談會，我確定她不會再有自殺的念頭了）。

她的媽媽兩個月前死了，她很難過，想知道父母之間的因果關係。

「妳媽媽的腰部是不是不太好呢？」

「對！這一、二十年來，媽媽的腰確實是不太好，常常出問題。」

「我看到的過去世裡，妳爸爸……，因此爸爸欠媽媽，是屬於欠命的一種，走到欠命，就必須用照顧來代替，所以爸爸就必須照顧媽媽。」

「可是，我媽媽是因爲憂鬱症一、兩年之後，實在是受不了才跳河自殺死亡的。」

「可是我在過去世裡，並沒有看到妳媽媽有過自殺的紀錄，她的自殺應該是屬於這一世的單純行爲，而不是過去世的因果關係。」

「我媽媽現在過得好不好呢？」

「自殺的人很快就會轉世，老天爺一定會找機會，讓他再度面對他在過去世所逃避的問題，直到他學會不以自殺解決問題才算過關。當這個人再來轉世的時候，老天爺一定會在他的身邊安排適當人選，這個人選也許是他的債務人，也許純粹只是來幫助這個自殺者。」

「妳媽媽在跳水自殺之前，是否還有做過其他用手自殺的行爲呢？」

「她在跳水自殺之前，還有過一、兩次吃很多安眠藥自殺的紀錄，只是都沒有成功。」

爲什麼我會這麼問呢？因爲我看到她媽媽雙手手腕的地方，被白布條綁得緊緊的。

「雖然妳很難過，但是我還是要告訴妳實話，妳媽媽現在過得一點也不好，因爲她雙手手腕被白布條綁得緊緊的，如果她只是跳水自殺，那麼被綁的應該只有腳，可是她是雙手被綁，表示她還有使用手的方式自殺過。她還沒有到轉世的時候，因爲她自殺的行爲是錯誤的，所以才會雙手被綁受罰。在等待轉世的這段時間，老天爺會想辦法讓她心情平復一下，讓她學習一些東西，但是，不要以爲人死後到了靈界就會變得比較聰明，不會再做傻事。錯了！人的習性是很難改變的，並不會因爲她到了靈界而有差別！」

＊全家都死了

婦女問：「我已經結婚十年，可是一直沒有小孩。」

「啊！我終於碰到案例了，在過去世中，妳和妳先生也是一對夫妻，育有三個子女，在走投無路下把三個子女騙到海邊看海，趁著孩子沒有防備時，突然將他們一個個推入大海，兩夫妻也隨後跳入大海自盡。哇！就像是現代版的自殺故事。這是非常嚴重的因果罪，因爲你們不但自己自殺，還害了三個小孩子的性命，這種因果關係，在這一世裡想要有小孩，是非常不容易，何況你們兩個的因果還是共業的關係。」

「這一世，我們夫妻可以還得完嗎？我先生的家人都非常希望我們能夠有小孩，壓力實在好大。」她都快哭了。

「不可能！惡意害死別人是要還一輩子的，而且一世只能還一個人，所以你們夫妻兩個人必須共同還三世，這三世都不會有小孩。不過那三個小孩很聰明，選擇不要來要債，正因爲放棄要債，因此沒有債權人，你們夫妻倆只好接受天譴或劫數的處罰。就算他們選擇要債的話，一世也只能一個人來要債，而且還必須帶著病痛來轉世好讓你們兩個共同照顧，例如心肺功能不好或腦部有問題等等。像這種情形，如果孩子們再來轉世的話，很可能就會很怕水，父母倒是不見得會怕水。」

＊切腹自殺

「妳的腹部可能不太好。」

「我是腎不好。」

「我看到的畫面是，妳在過去世切腹自殺，至於妳的腎不好也有可能，因爲腎在腹部，只不過是在後面。」我自圓其說。

「妳是不是要洗腎呢？」自殺罪排名第一，她的身體一定是要受盡折磨。

「要！我要洗腎，我也換過腎，換了兩次了。」

「啊！那麼嚴重！」這倒是出乎我的意料之外。

「她開了十多次刀，換過腎，但是兩、三年後又出問題，只好又換腎，可是她很擔心，怕會再出問題。」坐在她隔壁的姊姊替她說明。

「妳是幾歲的時候開始發作呢？」

「我國中的時候開始發作的。」

「爲什麼我要問妳這個問題呢？在過去世妳是因爲感情的因素而自殺，並沒有任何人害妳，所以到了這一世，沒有任何一個人欠妳。如果妳的自殺是別人害的，那麼就應該會有債務人，因爲妳還沒有結婚，如果有債務人的話，應該就會是妳的父母，而且應該是很小的時候就會發作，讓妳的父母好好還債。如果是先生欠妳的，那麼應該會是在妳結婚之後才發作。妳想想，當妳上國中的時候，是不是已經會自己照顧自己了，那個時候才發作，父母照顧妳的工作自然就會減輕許多。」

＊跳崖自殺

「妳的胸部、肩膀可能會不太好。」我用「可能」兩個字，那是因爲如果眞的是過去世的行爲所產生的因果病，那麼我在畫面中所看到的「身體部位」，就眞的有「可能」會出狀況。如果印證之後，是我「猜錯」的話，我會這麼回答：「那代表妳的病，是這一世才發生的因，而不是過去世的因所造成的果報。」各位，你能說我算不準嗎？

「對！我的肩膀不太好，我有乳癌。」

唉！又來一個，這幾天是怎麼了？老是接到自殺的案例。也許吧！新聞報導中總是不乏自殺的消息，什麼理由都可以自殺，什麼年紀都可以自殺，自殺新聞已經多到令人「麻痹」

了！可是有多少人知道自殺的「未來世後遺症」是什麼嗎？一了百了嗎？算了吧！天大的理由，天大的冤枉，自殺的結果，最倒楣的還是自己，不是別人！

「我看到妳自殺了，而且是選擇跳崖自殺，問題是，跳下去的那一瞬間妳後悔了，張手一抓，抓住了崖壁上突出的樹枝。我看到的畫面，就是妳死命抓住樹枝的情形，所以我才會說，妳的胸部和肩膀可能會有問題。」我邊講，雙手邊做出畫面中的姿勢。

「妳抓了好久之後才被人發現，雖然救起來卻傷重不治。老天爺並沒有因爲妳被救而原諒妳，畢竟妳已經做出自殺的舉動，只是亂抓一把被妳抓住樹枝而已。所以妳死亡前，死命抓住樹枝的痛苦和等待救援的煎熬，還是照樣帶到這一世來，妳就是自己的債權人兼債務人。」

「可是，我除了乳癌之外還有乾癬的問題。」

「那很簡單，我看到的山崖一邊緊臨著大海，想一想，妳往下一跳，雖然抓住了樹枝也撐了一段時間，妳的皮膚可能在陽光下曝曬過久，我們只要假設妳的皮膚是被紫外線或輻射線傷害得很厲害就行了。這個解釋大家可以接受嗎？」

「可以！」皆大歡喜的答案。我多會編故事！

「你的腹部、腎或筋骨，可能會不好。」

「我是有很嚴重的哮喘。」

「怎麼跟我所說的不一樣呢？不管，反正我看到的畫面是這樣子的——在過去世，你是個陸戰隊隊員（因為我看到他只穿著迷彩短褲），專門負責爆破工作，卻常常與長官處得很糟糕。平心而論，那個長官並沒有說你什麼，只是你自己脾氣較差而已。有一天，你一氣之下，拿起短刀就朝自己的肚子劃了一刀，然後又利用自己的爆破知識和爆破材料，把自己和身邊的一棟建築物炸得粉碎。奇怪了！哮喘和你的自殺，有什麼關係呢？」

「沒有錯啊！當然有關係！爆炸會產生粉塵和髒空氣，當然就會呼吸困難，哮喘就是呼吸的問題啊！」在座的朋友們紛紛替我解圍。

「謝謝你們替我找答案！」這一次可不是我自圓其說了。

「這一世我是陸戰隊隊員，我的病也是在軍中才發生的，並不是天生就有哮喘。那時候我是因為感冒……，直到退伍之後到大醫院做檢查，才知道病情非常嚴重。」

＊陸戰隊隊員

「老師，我是他媽媽的朋友，上次我和他媽媽來問妳，可是妳當時說的並不是這樣，妳說，在某一世裡，他和媽媽是男女朋友的關係，結果媽媽移情別戀，於是他就燒炭自殺，所以才會有這一世的毛病。那一個故事也是發生在軍中，請問，他是不是自殺了兩次呢？」鄰座的一位婦人說話了。

「那也沒有錯啊！燒炭是煙灰，爆炸也是煙灰。」又有人「讚聲」了。

「啊！怎麼會這麼巧呢？我上次眞的是這麼說的嗎？如果是這樣子的話，他眞的就是自殺過兩次了。前一陣子我就已經碰到過好幾個，在過去世自殺身亡，這一世也是採取同樣的自殺方法死掉了，前兩個禮拜有一場座談會，還碰到有五個自殺的案例……。」

「我還擔心一件事，就是那一棟被炸掉的房子。照理說，你還應該要賠償國家的損失，我建議你盡量去贊助公家單位，例如，幫助九二一賑災、贊助公立療養院、孤兒院等，或去相關單位當義工。」

「老師，可以不可以這麼解釋，他們家有一間房子是海砂屋想要翻修，政府同意了，可是鄰居卻不肯蓋章，是不是房子翻修不成，是因爲這個原因呢？」這位好心的婦人又在替我解圍了。

「這個倒不一定，可是我剛剛看到的畫面確實是發生在海灘上的爆炸事件，海砂屋是不是就是這樣來的，這個我就不知道了。」編故事要適可而止，總不能太牽強吧！

「你沒問題了吧！下一個！」

「我想問我的身體。」

我閉上眼睛準備接下一位朋友的訊息，可是一片空白，腦袋瓜不聽使喚，思緒一轉，又想起了剛剛那個陸戰隊隊員的事。唉！總是這樣！只要我沒有解釋完整的話，祂們就不會給我下一位朋友的答案，這就是祂們做事情的態度——「一定要解說清楚，不管對方是誰」。問事者也許沒問題了，可是只要祂們覺得沒有交代清楚，就是不負責任的做法。

「等一下再回答妳的問題，剛剛前面那個問題我還沒有解釋清楚。因爲你是切腹自殺再爆炸身亡，根據我的經驗，你的腎可能會不太好，這個你要特別注意一下。」

「他的腎當然會不好了，因爲當哮喘發作的時候，最有效的藥就是類固醇，可是偏偏類固醇是非常傷腎的西藥。」又有人附和我了。沒辦法，醫學的領域我並不在行。可是我也發現，讀者們常常會「幫」我說話，看來我不出來選總統，似乎是可惜了一點。

「啊！眞的這麼嚴重啊！」我開始懷疑了，難道會是誤打誤撞的嗎？

「我也是很擔心會傷到腎，可是嘗試了各種中、西藥的療法，真的是類固醇最有效。」

＊他把父母留給了我

媽媽問：「我和兒子的關係。」

「很簡單，在過去世裡，妳和兒子是朋友的關係，妳向他借錢不還，故事就這麼簡單而已，是屬於欠情和欠錢。妳和兒子有什麼問題嗎？」

「喔！我懂了，沒問題！」

「確定沒有問題嗎？」

「沒有問題，欠情欠錢，我懂了！」

「好！下一個！」我嘴裡是這麼說，心裡可不是這麼想。想想看，我一天要和多少人面對面直接溝通，一般正常的對話絕對不是這種樣子，反正我心裡有數就是了。我是個很好奇的人，你不想說沒關係，放心好了，我很有耐心，很會拐人的，等一下我一定有辦法找出答案。

「我想知道我和弟弟的關係。」鄰座的一位小姐問道。

「妳們兩個是母女嗎?妳弟弟就是她說的那一個兒子嗎?」

「對!」

「妳弟弟幾歲?」

「二十七歲。」

「他在做什麼工作?」

「他目前沒有工作。」我知道事有蹊蹺,但對方拒不吐實我也只好旁敲側擊。沒關係,還是一句話,反正我很有耐心,會不厭其煩的找出答案!

「哇!妳欠的可重了,妳欠弟弟比媽媽欠兒子的,還要嚴重多了。」我的故事還沒有說出口,這位小姐已經面有難色。

「過去世裡,妳弟弟是妳的先生,先生生病了,妳這個做太太的不想照顧他,於是棄家而去。也許你們會覺得沒有什麼,可是夫妻之間本來就有互相照顧的義務,更何況是先生生病,做太太的怎麼可以棄他於不顧呢?這是一種很嚴重的欠命,不管當時的先生有沒有因此而死掉,這類的因果通常是要還一輩子的。也就是說,欠命欠一輩子,一旦走到欠命,那欠情和欠錢就一定要跟著走了。妳媽媽只是欠情和欠錢,妳卻是欠命欠情又欠錢。妳弟弟目前怎麼了？」我還是採取緊迫盯人的戰術。

「他把爸媽兩個人留給我！」母女兩人都哭了。答案也揭曉了！

「他的這種報復方式叫做冤冤相報。」我還特地站起來，拿起書翻開那一頁，讓她看個清楚。

「可是我們兩個人的感情非常好。」

「沒有錯！採取冤冤相報這種報復方式的人，往往會和債務人處得非常好，正因爲兩個人的感情非常要好，所以債權人的死亡才會讓債務人非常難過，目的就是讓債務人親自體會當時債權人的家屬失去這個家人的痛苦滋味。妳弟弟的死亡是不是沒有牽涉到第三者呢？也就是說，他應該是突然過世而不是外來第三者所造成，純粹是他個人的行爲。」

「對！和第三者無關！」她還是不想說清楚，沒關係！

「爲什麼我會這麼問呢？既然弟弟與妳有前世因而造成這一世的果，那麼，他就是債權人，而妳是債務人，整個事件的發生就只有你們兩個人之間的故事，所以妳弟弟的死亡絕對不會牽涉到其他人。所以我才會說，他的死亡應該不會是外力或第三者所造成，例如他突然生病死了，或者他自己開車撞到安全島而死亡。」

「如果，妳弟弟的死亡是因爲其他人的因素，例如，被另一個人開車撞死，或被另一個人殺害了，那麼我的因果故事就不對，因爲那樣的話，就會牽扯到另一個人，而不是純粹姊弟兩人之間的過去世關係所造成的。」只要逮到可以印證的機會，我總是不厭其煩地說清楚。我把座談會當作是一種上課，希望所有在場的朋友們，都能夠從別人的因果故事中學到警惕。

「我想知道我弟弟現在過得好不好呢？」這是她的第二個問題。

我閉眼看了一下，啊！該不該繼續追問下去呢？如果我錯了怎麼辦？偏偏我的個性是打破砂鍋問到底。

「妳弟弟是不是自殺死亡的呢？」我還是問了，因爲我不想迷信。兩個女人不語，也沒有反對。

「妳知道我爲什麼會這麼問嗎？因爲我看到在那一世裡，妳這個做太太的拋棄生病的先生離家出走後，先生自殺了。根據我的經驗，自殺的習性會隨著轉世而帶到這一世裡來，我們已經看過很多個例子了，所以我才會猜測妳弟弟應該是自殺死的。」還是不語。

我不忍心再問她，她的弟弟到底是採取哪一種自殺方式。

＊自殺的迷障

家人拿了一張黑白相片來讓我看，那是一個很清秀的女孩。

「你讓我看相片做什麼？」

「這是我姊姊，她已經自殺死了，我不知道她好不好。」

「她是怎麼死的？你們確定她死了嗎？」

「她是離家出走的，大概是十個月後，警察來通知我們說找到了，屍體也看不出來到底是不是我姊姊，不過有做過ＤＮＡ比對。」

畫面——一個約六十公分見方、厚約十公分的木板椅子，上面每隔六、七公分插一根刀子，整整齊齊的插滿了刀子，全部是刀尖向上。一個女孩盤腿坐在刀尖上，滿臉是汗。視線是由女孩的左前上方往下看的，只是我又看到了她很痛苦的表情，感覺上好像是很努力的在運功，爲的是怕被屁股下的刀子給傷到。

「我看到的畫面是……，我想她現在是在接受處罰，很痛苦的樣子，滿臉是汗水。」

「我姊姊對她自己的自殺行爲有沒有後悔？」

畫面——視線和她的雙眼一樣高，好像我就坐在她的正前方。她的雙眼流下了兩行的「血淚」。注意到了嗎？彩色的畫面！她流下了兩行紅色的淚水。

「她在流血淚了，她非常非常後悔，後悔因為她自己的迷障而導致了自殺。我不知道為什麼，但是現在是她自己在告訴我這兩個字——迷障。是她自己說的，不是菩薩說的。」

有讀者知道嗎？在修行的路上，什麼是「迷障」呢？

＊靈魂跑出去了

「我在這一世裡，常常會看到自己的靈魂跑出去。」她三十多歲，一開口就這麼說。

「對不起！我聽不懂妳的意思。」

「是這樣的，我的靈魂常常會自己跑出去，有時候我會看到靈魂就在我自己身體的左邊；有時候在看電視的時候，也常常會整個人恍恍惚惚搖來搖去的；而晚上睡覺的品質也非常的差。我不知道這到底是什麼原因？有沒有什麼特別的因果關係呢？」好一個有挑戰性的問題，只可惜她先告訴我最後的結果了。

故事很簡單就像我們常在報紙上看到的一些社會新聞，以前也許不太多，但是近來因為景氣出了問題，這一類的新聞已經是見怪不怪了，不但不再是新鮮事，連人權的問題也被忽略了。其實第一次從電視上看到這類新聞時，周遭的人也曾經問過我，這類新聞的發生是不是因爲這些人在過去世裡有因果關係的存在呢？如果不是因爲過去世因果的關係，而純粹是這一世裡的所作所爲，那麼到了未來世老天爺又該怎麼處理呢？當時我沒有回答，因爲問的人不是當事人，也不是關係人，基於職業的道德，祂們根本就不會調資料給答案。

眞好！有個當事人來了，各位當您看到這裡的時候，請先閉上眼睛，打從內心謝謝這一位年輕的女士，就是因爲有一些人來問些奇奇怪怪的問題，所以我才有故事可以充實出書的內容，作爲大家的借鏡。

在某一世，這一位女士是個女人，她的先生不顧家常常往外溜，夫婦倆育有兩個兒子。有一天，夫妻兩人又口角了，妻子一氣之下趁著先生和孩子們都外出的時候，喝下了一大瓶的農藥企圖自殺。就在臨死之際，孩子們突然提早回來，見到媽媽出事了，於是大聲的哭喊著，死命的搖著媽媽的身體，希望媽媽不要死掉。想想，如果您就是這一位媽媽，在這最重要的一刻聽到心愛兒子們心碎的哭叫聲，您，忍心拋下他們嗎？放得下嗎？嚥得下最後一口氣嗎？還走得了嗎？如果是我，我一定會很後悔自己的衝動，我一定會「拚死命」的想辦法再讓自己活過來。女士的靈魂就這樣在自己的肉體間進進出出，但是……，一切的一切都已經……。

在我的因果故事中常常會看到一些在過去世裡特殊死法的人，在轉世的過程中帶著很大的後遺症，自殺就是其中的一種。「自殺」是會成癮變成習慣的，就連轉世的時候也不例外。老天爺爲了讓這些人能夠了解生命的價值、生命的可貴，於是就讓這些人一再重複修習同樣的課題，直到這些人想通了也做到了——「想到了不應該用自殺來解決問題，因爲自殺根本就解決不了問題；做到了勇敢的面對問題，並且試著慢慢的用其他的方法去解決問題。」問題也許一世解決不了，來世還可以再繼續努力，因爲因果的輪迴轉世本來就是永續經營的，唯有想通了做到了，那麼才可能有機會從自殺的輪迴裡跳脫出來。

可是您應該要有一個疑問才是，您應該要問我說：「這些人是一再的自殺沒錯，可是被他們自殺行爲所害的卻是他周遭的親朋好友。」對！也許這些親朋好友在過去世裡跟這個人扯上了一些因果關係，但是也有某些人在自殺死了之後，並沒有任何人同情他，爲他掬一把眼淚，說不定在他背後還說：「自殺最好了，省了我們這些人的麻煩。」瞧瞧！死得多不值得、多沒面子啊！早知道就活得好好的讓別人刮目相看不是很好嗎？也省得下一世還要再來重複類似的考題，多累啊！

所以如果您發現周遭的親朋好友似乎心神不寧或者躁鬱不安的時候，如果可以、如果方便的話，不妨和他們談一談，至少讓他們有個人可以傾吐一下，那麼我相信自殺的案件會少很多。您根本就不需要知道您跟這些人有沒有因果的關係，有機會可以讓您伸出友誼的手拉他們一把，爲什麼要吝於付出呢？

因果病

有沒有人想過，爲什麼中國人得肺癌和肝癌的比例比其他國家高許多呢？爲什麼台灣近視人口那麼多呢？也許是因爲基因遺傳的關係，也許是因爲周遭環境的關係，也許……。也許比較該值得注意的是生活習慣的關係吧！

最常聽到人家說的一句話是：「少喝酒、不抽煙，這樣才不會把身子搞壞！」可是聽得進去的，早就斷煙少酒了；聽不進去的，還不是酒照喝煙照抽。更叫人不解的是，有些煙酒絕對不沾的人，卻偏偏得了肝癌、肺癌……等關於肝、肺的疾病而過世。這時候醫生只好說，這些人可能是吸入過多的二手煙了，也可能是在炒菜時，油煙吸了太多……。可是也有一大堆人怎麼抽煙、喝酒就是沒事，還說每天喝點酒，對延年益壽很有幫助。到底是誰說對了呢？

如果這些不愛惜身體的人來找我，我只會給這些人一句話就夠了：「沒關係！你儘管抽煙喝酒好了，你這一生一世，都不會怎麼樣，下一世我們就再來瞧一瞧好了。」有個女士在聽懂我的解釋之後，馬上就把三十多年的煙癮給戒掉了。

這是個很嚴重的問題，沒碰到不會知道，只是，要怎麼樣才會碰到呢？若不是因爲我會通靈，若不是祂們可以調過去世的因果資料，若不是有這麼多讀者來讓我「實驗」、「印證」，若不是我用心的把「因」與「果」作分析歸類，也就不會有這篇文章了。

也許是這樣吧！上一世的中國人，抽煙、抽鴉片，隨地吐痰、大小便，吃飯又少用公筷母匙，其他的衛生習慣也不好，又因爲戰亂的關係，節省得很，於是把眼睛、身子給搞壞了。那一世還好啦！還勉強撐得住，到了這一世，不管轉世到什麼國家，基本上還是把身體的這個「老底子」給帶到這一世。於是乎，「天生不良」，一落地，就已經被「自己」注定，注定輸在起跑點，輸了別人一大半。

那怎麼辦呢？如果我這一世是因爲肝癌過世的，到了下一世，那豈不是天生的肝癌患者嗎？這一世，萬一我是天生肥胖的人，就算不吃不喝，還是照常會胖，到了下一世，我是不是乾脆轉世當隻豬算了？這一世，如果我是個美人胚子，到了下一世，我豈不是傾國傾城嗎……。

絕不是這樣的！道理說來話長！我就長話短說吧！

原來，轉世爲人，一定有它的原因、目的。不管是要來還債、報恩、服務，還是要來靈修等等，沒有了肉體，一切免談。就算有了肉體，如果只是一個「破爛不堪」的肉體，根本就「於事無補」，就算還能夠「勉勉強強」借用一下的話，也是「事倍功半」。談到尊重生命，首當尊重自己的生命，也唯有先尊重自己的生命，才會更進一步尊重別人的生命。如何尊重自己的生命呢？

第一，不要用自殺來解脫或逃避問題。

第二，重視自己身體的健康情形，注意飲食多運動，有病就看醫生。以上兩點是祂們給我的訊息。不要以爲我在開玩笑，這是再正確不過了。生活原本就充滿了很多的不如意，沒有必要用自殺來解決問題；再說爲了活得有意義，能夠達到學習與服務的人生觀，擁有健康的身體絕對是第一要務。

如果你努力了，也就是說你很注意自己身體的健康，該看醫生時，就「要」去看醫生，該吃藥就「要」按時按量吃藥，該做復健就「要」乖乖的做復健……，該要麼樣，就要怎麼樣，一切都按照醫生的指示或一般正常的做法去做，可是最後還是好不了，還是因爲這個病因斷氣死了。放一百個心！絕對沒有後遺症的！因爲你在這一世裡，已經學會了「在乎」你自己的身體，也相當努力的愛護它，所以，到了未來世，有機會再來轉世爲人時，如果沒有其他特別因素，你絕對會是個健康寶寶，一個生龍活虎的人。

但是，如果你亂來，有了病，還不管、不在乎自己的肉體，任憑這個最基本的「外殼」要病就病！要痛就痛！要死就死！完了！下一世你就自己等著瞧吧！

一些久病厭世，最後選擇自殺作爲結束生命的人，也許他以爲這樣就「結束」了，但是，「久病」也許是老天爺排定你這一世裡必修的一門功課，必考的一科試題，這一世裡必還的一種業障……。你選擇了自殺，那麼很簡單！

「很簡單」三個字是我的口頭禪，眞的很簡單。既然該修、該考、該還，而又做不到的話，很簡單！未來世一切重修、重考、重還而已。一如一句至理名言——「從哪裡跌倒，就從哪裡爬起來」。

如果在這一世裡，你沒有什麼病痛，但是卻把該注意的「一般養生」事項，統統抛到九霄雲外，也把別人好心的建議當做耳邊風……。「我的身體底子好得很！」沒關係！套一句我的話——「下一世，你就自己等著瞧吧！」

你有形的實際肉體是一個「個體」，你的思想行爲又是另一個「個體」，你的「思想行爲」個體傷害了你「實際肉體」的這個個體，思想行爲變成了債務人，實際肉體變成了債權人。

同樣「因果輪迴轉世」的理論，只是換了不同的主角罷了。

舉個例，看看現在的社會現象好了，身體過胖的人好多，如果這些人有運動，有減肥，有努力想要把過多的肥肉去掉的話，那就好辦了。如果不是這樣，如果你以爲這一世胖就胖吧，反正下一世我也看不到，那就再說吧！

在此，我可以先做個「預告片」的介紹，如果你在這一世裡，不在乎體重，事實上你是胖了點沒錯，但是身體各方面都沒有任何毛病。沒關係，到了下一世，你可能因爲基因或遺傳的關係，和你的父母一樣，長得瘦瘦小小。可是我絕對敢和你打賭，雖然你是瘦瘦小小的人，可是所有肥胖者該有的毛病，你一樣也少不了，有哪些毛病呢？高血壓、糖尿病、關節痛（因爲這一世太胖了，你的兩腳很盡職的支撐你的體重，到了下一世，它們已經無力再爲你效勞了）……。

如果我這麼說，你還是聽不懂的話，我也認了！想去麥當勞就盡量去吧！愛吃大魚大肉就盡量享受吧！不喜歡運動，就盡量不運動吧……。反正身體是你自己的，命也是你自己的！只是「因果輪迴轉世」有一定的法則和規定，任誰也沒辦法躲得掉。信不信就看你自己了！我絕對不勉強別人相信！相對的，我也勉強不來，不是嗎？

因果病的種類

就像人與人之間的因果關係一樣，不能把這一世的病痛統統怪罪到過去世，有些病痛的確是和過去世有關，但是絕大部分的疾病都是這一世才引起的。也就是說，有的病痛是過去世的因，這一世的果；有的病痛卻是這一世的因，這一世的果；有的病痛則是這一世的因，未來世的果。

我所謂「身體的因果病」，是指那些因爲過去世的不當行爲而造成這一世有關身體方面不適的果報。這一類因果病的主要原因有三種，但是不管哪一種情形，因果病最大的特徵就是「折磨人」，通常是那種會拖很久又不容易醫治，而且不容易斷氣的慢性疾病居多。

*第一種因果病是「欠債還債」中，債權人來向債務人要債的「老天作主」模式。

債務人在過去世裡傷害了債權人的身體，假設傷害到腦部，如果債權人想要向債務人要債的話，那麼債權人就一定要帶著腦部的病痛來轉世，再讓債務人照顧他的身體。在這一種狀況下，身體有病痛的人是過去世受到傷害的債權人。

巧合的是，在這一世裡如果發生意外，債權人身體受到傷害的部位往往就是他在過去世裡被傷害的部位，爲什麼呢？因爲這幾個地方就像是花瓶有了裂痕一般，稍微一碰，就很容易從這個裂痕的地方破碎掉。所以這種情形的傷害，就像是「二度傷害」一樣，很不容易醫好。

如果我在服務的時候，看到畫面中的人物身體有受到傷害，那麼我就會警告當事人：「如果我的因果資料正確的話，那麼你的某某部位要很小心，一有不舒服，就一定要趕快看醫生，不要拖，否則拖久了就一定會出大問題，因爲這個部位是你身體最脆弱的地方，最容易受到傷害。」

從這種因果病中，各位讀者就可以知道爲什麼我一再的「警告」大家：「千萬要學會原諒別人，千萬不要來要債。」還記得另一個笑話嗎：「如果你希望下一世的婚姻，可以和對方白首偕老的話，那麼只要將對方打死就可以了。」

因為，被你打死的那個人如果不原諒你，到了下一世，他就得帶著當時的病痛直接來向你要債。也就是說，等你和對方結婚之後，對方「應該會」發生意外，讓他自己的身體出問題，而必須由你這個配偶照顧。再加上你是打死他的人，因果法則規定，害死一個人就得還一輩子，很自然的你就必須照顧對方一輩子。這麼看來，不就是白首偕老了嗎？

＊第二種是「欠債還債」中，債權人放棄向債務人要債之後，老天爺直接進行的「天譴」和「劫數」模式。

關於這一種的說明，請參考《如來世3——因果論一》的〈欠債還債，你會原諒別人嗎？〉「原諒別人與天譴劫數」及「行善能夠改變命運嗎？」在那兩節裡我說明得相當清楚，不再重複。不過，請動腦想一下，一樣用前面「白首偕老」的例子，如果你打死一個人，他卻不願意來向你要債，未來世的果報又會是如何呢？

＊第三種，這是最常見的因果病，「自己」變成自己的債權人和債務人。

在過去世裡，當事人傷害自己的身體，或者是沒有好好照顧自己的身體，或者是當事人生病了卻沒有好好接受醫治……。總之，當事人沒有把自己的身體健康當做一回事，到了未來世，當事人就必須爲自己的這種行爲負責。

例如：「過勞死」的人最可憐了，過分勞累自己的身體而死亡已經很不值得了，到了未來世，卻還得帶著一副「壞底子」或「有裂痕」的肉體來轉世，多傻的人啊！別忘了，「人身難得，人生值得」。

例如喜歡打坐的人：一坐下去就是好幾個鐘頭，忽略了每隔一段時間就應該要活動活動一下筋骨。也許在打坐的時候眞的可以讓當事人的精神狀態，或腦部的神經，達到「穩定」、「安詳」的境界，但是上半身是如此，下半身是否一樣呢？到了下一世，這些人常常會發生下半身血液循環不良的現象，尤其雙腳的筋骨或關節更是容易出毛病。根據我的統計，如果上一世是出家人，在這一世裡，他的雙腳常常很容易痠痛無力。

例如：體重過重的人，如果不想辦法減肥，到了下一世，他的血壓、心臟就算沒有什麼大問題，可是他們的雙腳很可能會出狀況。爲什麼呢？因爲人的雙腳並不會因爲體重的增加而變大，或自動增加它的承受力。所以只要我的畫面出現的是一位體重過重的人，我就可以猜測得出來，在這一世裡，當事人的雙腳可能會有問題。

如果在過去世裡，你是一位很愛吃「醬菜」，或者是很愛吃「醃漬」食品的人，就是那種吃太鹹的人，到了這一世，你的腎臟、肝臟或皮膚等代謝系統很可能會不太好，因爲你身體內的排毒系統在過去世就已經工作過度，相關的器官已達退休狀態。這一世轉世的時候，這幾個部位的體質先天就已經有了缺損、裂痕，變成你身體最脆弱、最容易出毛病的地方。

如果你是愛喝酒的人，很簡單，肝不好，嚴重一點的，腎臟也不好，再加重一點的話，連腦部都可能出問題，因爲酒精中毒了。

因果病的破解法

請記得一個重點，幾個字就可以形容因果病：「自作、自受、自消。」只要身體不舒服就去看醫生，遵照專家的指示該吃藥就吃藥，該開刀就開刀，該復健就復健，該運動……。它的破解法很簡單：看醫生、運動、行善。

就算這一世醫治不好，到了下一世，老天爺也不會對你怎麼樣，既然你努力了，祂們就得把「健康的身體」再還給你（如果不是這樣，世上的人一出生就會有病，而且老化得很快）。

這兩種運動是祂們教我的——游泳和打太極拳，如果我們把身體再區分爲硬體和軟體的話，那麼外在的肉體就是硬體，內在的肉體就是軟體。外在的肉體，可以藉游泳放鬆自己，鍛鍊自己；內在的肉體，可以藉打太極拳促進血液的循環，增進身心的穩定度。

祂們說大部分的因果病都很難根治（因果病就是要來折磨人的），必須要靠耐心和毅力，才有可能減輕病情。看醫生是絕對必要的，做運動更是不可少，如果能夠再加上行善，更棒！

看醫生，大部分的人都會去看（所以健保局才會虧損連連），只是藥拿回來了，卻未必吃。當你有事沒事就去看醫生，當你拿了藥卻不吃藥，就等於是在浪費大衆的資源，害一些眞正需要健保給付的人無法享受到品質較好的醫療，那是行惡，而不是行善，你的因果病怎麼會好呢？下一世又怎麼會有錢呢？醫生如果爲了私人的好處，而多開一些沒有必要的藥物給病人，這也是一種惡行，是屬於職業上的過錯，下一世一樣的，他的職業怎麼會好呢？一定是兩個字——「不順」。浪費公家或納稅義務人的資源，在因果法則裡相當於搶奪別人的財物，下一世不但沒有貴人，還常常會有「破四方財」的機會。換個角度想，當事人也不過是在這一世裡，預支了屬於他自己下一世的錢財罷了。

做運動呢？能夠持之以恆的人畢竟是少數，所以，成功永遠是屬於那些努力不懈的人。行善呢？有人會說：「我的身體很不好，都缺人來照顧了，哪還有什麼能力去行善、或幫助別人呢？」是啊！如果不浪費拿回來的藥物，或者不隨便去拿藥，那麼健保局就不會虧損，才能使更多眞正需要幫忙的人得到較好的醫療救助，這不就是行善嗎？

爲什麼要行善呢？

如果你問我：「爲了自己身體的病痛而行善，那豈不是叫做有所爲而爲嗎？爲了某一個目的而行善，還叫做行善嗎？這怎麼會有功德呢？」如果這麼想的話，那還有誰要做善事呢？眞正的好心人實在是不多！

猜猜看，我的回答是什麼呢？「有去做，總比沒做好吧！」

想想，那些大企業家們，動不動一出手就是幾百萬、幾千萬的捐獻出去，你還眞以爲他們那麼有愛心嗎？（對不起！不能一概而論，有的企業家眞的是大善人）這些人有的是爲了避稅，有的是爲了打知名度，有的是爲了將來的政治籌碼……。

不管你是爲了什麼，也不管那些大企業家們捐出大筆善款的目的是什麼，起碼這個社會多了一筆可以利用的資源，只是這筆資源要用在什麼地方呢？就像是樂透彩券，當初規劃得可真好，說要把盈餘款項撥到社福單位，還說要專款專用，事實的結果又是如何呢？一段時日下來，是殘障人士、社福單位有福了？還是政府助長了人民的賭性呢？

祂們常說，如果想要行善的話，有兩條路可走，一條是贊助到教育路線，一條是贊助到醫療路線。爲什麼呢？既然是人身難得，那麼人身的這個肉體就是硬體，人身的這個思想就是軟體。幫助人的肉體和思想，就是最佳的行善方式（所以，醫生和老師是最容易「行善」和「行惡」的行業）。舉例來說，如果我現在爲大家服務的行爲是行善，那就是屬於教育路線，而且是「有力出力」的一種，而不是「有錢出錢」。

如果你的經濟還不錯，那麼請想一想，自己生病了有人可以照顧，有錢可以治病（只是老是醫不好而已），而那些沒有錢治病的窮人怎麼辦呢？將心比心的想一想，如果你的能力許可的話，不妨贊助一些金錢到醫療團體，讓沒有錢可以醫病的人有重生的希望。這是屬於醫療路線，有錢出錢的行善方式。

如果你的經濟不行，而你的體力還可以的話，一樣的，將心比心想一想，那些病痛比你更嚴重的人，是多麼需要別人的照顧與安慰。到醫院當義工吧！有力就出力！當你學會付出的時候，你的心中只有別人，沒有了自己；當你忘了自己的那一剎那，你怎麼可能還會記得自己的病痛呢？

這個社會上，處處需要義工們的協助，只是，什麼事才是義工眞正該做的呢？祂們教我的——「請走到眞正需要的地方。」走到眞正需要幫忙的地方。那個地方絕對不是寺廟，那個地方有可能是殘障教養機構，有可能是看守所，有可能是孤兒院，有可能是精神病院，有可能是醫院的急診室，有可能是公家機關的某一個部門……。

相信有智慧的您，一定可以分辨得出來的。其實，如果您很仔細地看了我這幾本書，您一定清清楚楚的知道，目前您的所作所爲和我的因果理論差距在哪裡。只不過，也許您的所作所爲，是過去錯誤的觀念所造成的，也許您已經知道錯誤在哪裡，可是卻不願意去面對它，因爲以前的觀念，實在是太「根深柢固」了。沒有關係！我不會勉強別人！我再提醒您一句話：「如果您阻礙了別人的成長，對不起！您就是債務人，債務人是沒有選擇的餘地，這一世死了之後，絕對無法升天，下一世還得乖乖地來還債。」

遺傳病

在醫學上，常常可以看到所謂的「遺傳病」，然而在因果理論中有遺傳病的存在嗎？看了以下的說明（應該不是說明，而是我常常碰到的實例），您會有什麼樣的想法呢？如果您是醫生的話，您認爲我這套遺傳理論行得通嗎？有可能存在嗎？

故事是這樣的，有個在市場賣香腸的人，他自製自烤的香腸又香又甜，不管是當地的民衆或是過路的客人都會聞香而至。但是他卻從來不販售生的香腸，他特別強調：「只有我知道自己做的香腸，應該要烤到什麼樣的火候才會最爽口。」

那是他的藉口，眞正的原因是他在生肉裡添加了未經政府核准的調味料，這樣的行爲是違法的。這種調味料吃多了對人體不好，會造成腸胃絞痛，也會引起皮膚潰爛，但是所有的客人都不知道老闆違法營業。

也許在那一世裡，所有的客人，包括老闆都沒有出什麼差錯，但是因爲他的行爲是違法的（因果理論非常講究守法），所以在他死後就必須爲這件事情負責。另外老天爺也會把實情告訴當時的客人，調查客人們的反應。如果有客人想要來要債，就可能進行第一種「老天作主」的還債方式；如果客人不想要報復，就要進行第二種「天譴劫數」的還債方式。

問題是，吃了香腸的客人那麼多，假設有一百個人好了，其中有四十個客人很生氣，罵老闆怎麼這麼沒有職業道德，所以他們想要來要債。另外的六十個客人，不想和老闆計較，放棄向老闆要債的權利。有人要債，有人不要債，怎麼辦呢？

很簡單！老天爺對那四十個想要債的人說：「你們覺得受騙了，所以想找老闆算帳，但是這個債務又不是欠得很多，你們可以派個代表向老闆要債（請參考《如來世3——因果論一》的〈因果輪迴轉世運作模式的根據〉篇的〈派個代表〉那一章）。如果你們實在很生氣的話，當然也可以單獨一個個去向他要債。」

好了！這四十個人決定派代表來找老闆算帳，老天爺採取第一種「老天作主」的模式，讓這四十個客人所派的代表轉世變為老闆的兒子。他的腸胃一定很不好，一天到晚絞痛，身上的皮膚也因為會癢常常抓得紅一塊紫一塊的，看了好可怕！原來，這個被推派的代表必須帶著四十個人的毒素（債權）來轉世，早知如此，他也不會自告奮勇了。

另外那六十個客人的命運又會是如何呢？既然放棄債權，他們就不用和老闆一起來轉世，所以沒事了！身體也不會怎麼樣！好得很！

故事的主角呢？雖然六十個客人原諒了老闆，可是老闆是債務人，還是得來轉世當人，面對自己過去世的債務。「天譴劫數」的運作模式，各位讀者了解吧！這一世裡，老闆自己得帶著六十個人的毒素來轉世。你想他的日子會好過嗎？

如果在過去世裡，老闆的違法行爲是出於他一個人的行爲，那麼在這一世裡，他腸胃和皮膚的病痛不會在小時候就發作，因爲他的父母沒有欠他，所以不用照顧他。他的病痛，應該是在成人以後才會發作，既已成人就得自己照顧自己，就算結婚了，老婆應該也不太會關心他的病痛，因爲老婆也沒有欠他。

可憐的老闆，除了照顧自己的身體又得面對兒子的病痛，心疼兒子怎麼會遺傳到他的病情呢？老婆很火大：「都是你遺傳給兒子的，你這個做父親的就自己照顧兒子吧！」

＊老菩薩

這是在台南荷田咖啡屋的座談會，她問：「我想知道我的身體，爲什麼開刀開了五、六次呢？」「那又有什麼關係？妳現在的身體不是很好嗎？氣色也很棒！有什麼好問的呢？」話說呀說的，才知道她居然已經七十八歲了，更可愛的還在後頭。

「我現在還在醫院裡當義工，也在稅捐機關、市政府當義工，明年我想到安寧病房當義工好不好？」各位，您說好不好呢？我剛剛提到過「祂們常常告訴我，如果要做義工、要服務，最好是能夠到眞正需要幫忙的地方服務，而服務的項目可歸類爲兩大類，一爲醫療，一爲教育，爲什麼呢？醫療是服務人的肉體（硬體），教育是服務人的思想（軟體）。妳到醫院是醫療的路線，妳到稅捐機關、市政府是教育的路線，兩者妳都包了。阿嬤！妳好棒喔！我比較好奇的是，妳到醫院要當什麼樣的義工呢？」

「我是在心臟科的開刀病房當義工，因爲我自己曾經開過心臟，所以我有經驗。每當有人害怕而不敢開刀的時候，或者開過刀之後不知如何保養，或是家屬沒有來醫院陪伴……，我都會去安慰他們，把我的經驗告訴他們，告訴他們開刀並不可怕，要相信醫生的醫術……。」

眞希望自己年老的時候也能夠像她一樣，像個老菩薩，把自己最後的「剩餘價値」毫不保留的貢獻出來。她，就是個活菩薩！另一個菩薩是在座談會中一個年約六十歲的婦人，特別要我轉告讀者一句話：「陳太太，因爲我常常要到養老院當義工幫忙，所以我很清楚那裡面的老人家需要些什麼。其實他們並不缺錢，他們眞正需要的是有心人的關心，例如和他們聊聊天說說話。我本身是開花店的，但是只要一有空，我就會打電話給老人家和他們說說話，他們就會好開心！」

*賣血

「我想知道我和先生的因果。」先生就坐在她旁邊，剛剛先生在問自己和父親的關係時，曾表明過他的身體並不好，可是我也沒有問他到底生了什麼病。我很喜歡挑戰自己也挑戰祂們，就只因爲我不想被祂們欺騙，傻傻的被祂們利用，所以很多時候，我必須來個測試。

這樣的態度有好有壞，好的是我可以保持清醒，壞的是萬一猜錯了，也很容易就把自己的招牌給拆了。

看了一下畫面。

「啊！我知道你得了什麼病了！」

「你是不是得了和血液有關的病？」

「對！我得了糖尿病。」

「啊！你這麼年輕就得糖尿病？奇怪糖尿病怎麼會和血液有關係呢？」

「糖尿病就是因爲血中糖分過高所引起的。」有人代爲作答。

「你的病是因果病。活該！誰叫你不好好照顧自己的身體。」

原來，在過去世的某一世裡，這一對夫妻還是夫妻，男的還是男的，女的還是女的。我看到的畫面是一個穿白衣服的懷孕女人，對著一個男人的遺像破口大罵，罵他這麼早就丟下了她和肚子裡的孩子，一個人先走了。可知他是怎麼走的嗎？原來他很窮，可是又心疼老婆懷孕沒錢買補品來吃，於是他去賣血買補品……當然了，這一世的老婆絕對是來報恩的，當場也證明了夫妻兩人的感情非常好，可是他自己的身體怎麼辦呢？

一個錯誤的想法和舉動，在過去世裡害了自己也害了妻小，而在這一世裡，他好過嗎？妻小好過嗎？

佛家常講「人身難得」，是啊！「人身」很難得很寶貴，可是有多少人是用自己的辛酸血淚才眞正體會到的。

＊共患難

「我想知道我和我先生有沒有小孩子。」

「沒有！因爲在過去世裡，妳和妳先生就是夫妻的關係，男的還是男的，女的還是女的。在那一世裡，你們很窮，夫妻兩人一起受僱在一戶人家，你們的工作是在一間小小的密閉房間裡，用鼓風機把稻穀弄乾淨。兩個人天天在密閉的空間裡工作，全身上下都是一些有的沒的，雖然都帶了口罩，但卻起不了什麼作用。但是爲了生計，也沒有其他更好的辦法。夫妻感情很好，也因爲工作的關係，所以兩人約定好，不要有小孩，免得每天回去之後，會把一些不乾淨的東西帶回去給小孩……。」

「怪不得我先生的支氣管天生就很不好，他天天帶著口罩上、下班。」

「應該不只是他的身體不好，因爲你們兩個一起在那個房間裡工作，所以妳的身體應該也有點狀況才對。」

「啊！」她用左手把右手的袖子拉得高高的，讓我看個清楚。

「妳看，我整隻手都長了一點一點的小疹子，除了臉上沒有長以外，全身上下沒有一處倖免。」

「哈哈！好妙！我能不能把妳的故事寫在下一本書裡？」

「當然可以！妳的三本書我都看過了，可是畢竟那些都是別人的因果故事，看起來就是沒有切身的眞實感，沒想到，我自己也會變成故事中的主角，這種感覺眞的好奇怪。好神奇喔！」她笑得好開心。

＊打井水

一個年約六十歲上下的婦人想知道她的身體。

「妳應該是前面腰部這裡和膝蓋會不太舒服，其他的，我就沒有看到了。」

當我在看身體時，只能從畫面裡的故事來「猜測」當事人的身體狀況，也就是說我只能夠說說一般所謂的「因果病」——因爲過去世的情形而產生的疾病。我沒有張穎的「透視力」，也沒有宋七力的「分身」，更無法像活佛、上師們一般可以爲人加持灌頂……所以，我很怕誤導了別人的病情。

我比較能夠接受的是精神病患，因爲有些「醫生」或「別人」眼中的精神病患，其實只是他們走不出自己的「心結」而已，偏偏這些解不開的心結，又往往和過去世有關。如果在一開始時，就爲這些人慢慢解開「心結」，我想他們復元的機會就大多了，也就不會浪費了一大堆的社會資源。

我很想朝這方面去努力，幫助這些人走出過去世的陰影，但是，我沒有人世間正式的醫師執照，我永遠進不了正統的醫療大門。如果我眞的開業了，開了一家精神療養院，我相信一定會人滿爲患，但我也相信，過不了幾天就會有人去告狀，就會有人來抓我。那時候，就變成我自己要進精神療養院了。

我很想爲這些人服務，而不想一天到晚聽這樣的問話：「陳太太，妳看我將來的婚姻好不好？是不是還有賺錢的機會呢？是不是不愁吃穿呢？是不是能夠和另一半白頭偕老？我的小孩是不是會孝順我們呢……。」

「妳看我的小孩將來是不是很會念書呢？他的婚姻是不是很好呢？是不是有生兒子的命呢？是不是可以賺到不少錢呢……。」點點點，就是前面的那一些問題。

唉呀！除了婚姻、感情、事業、父母、子女，還有什麼好問的呢？人身難得走一回，人生難得活一遭，難道就只爲了這些嗎？會問修行的，少之又少，偏偏絕大部分是屬於「迷信」的範疇。能夠關心社會問題、國家問題、國際問題的……，這個我就不能說別人的不是了，因爲我也沒有辦法爲對方解答。

「在過去世裡，妳是很窮的人，沒有什麼一技之長，只好用勞力賺錢，偏偏連這種工作的機會都很少。妳想到一個賺錢的方法——到井邊幫別人打井水。打呀打的，錢賺了不少，可是身體也因此出了狀況。妳心想，這種賺錢的方式還不錯，捨不得就這麼輕易放棄，於是決定繼續爲別人打井水。累的時候，就跪在井邊，把腰部靠在古井的圍欄上，利用這種姿勢把裝了井水的水桶給吊上來。」我一邊說，一邊做動作給這位婦人看。

「妳並沒有欠任何人，只是妳在那一世裡，爲了賺錢而忽視了自己的身體，明知道已經超過了體力能夠負荷的程度，還是繼續硬撐下去。工作時硬撐還不打緊，回到家妳又沒有善待自己的身體，例如按摩或熱敷一下，只是倒頭就睡，第二天，又繼續……。就這樣日復一日，最後也因爲這樣子死掉了。」

「那叫做過勞死。」有人回應了這段故事，給了一個最佳註解。

「對！老天爺並沒有處罰妳什麼，而是因爲妳不照顧自己的身體，祂只好讓妳把自己過去世的病痛，繼續帶到這一世來『享受』而已。爲的也只是希望再給妳一次機會，看妳會不會因此而學乖，知道照顧自己身體的重要性。這不是欠債還債，也不是什麼有恩報恩，這是學習的一種。」

這類的因果案例實在很多，也因爲看多了，聽多了，「害」得我自己，不得不正視自己的健康問題，我可不願意把任何病痛帶到下一世，就算有機會繼續轉世爲人，我想幾乎所有的人都希望自己未來還會是個健健康康的人。

原諒別人，不報仇，不再造新的惡因，就連施恩也不求回報……，這樣子，自己就可以改變自己未來的命運。同樣的，在這一世裡，好好的善待自己的身體，該運動就要運動，該吃就要吃、該睡就要睡，該……，這樣子，自己就可以決定自己未來的身體。

*淋雨

她戴著帽子參加座談會，不用多問，也知道她的身體可能有點問題。她想知道身體的因果。

「妳的個性很固執，想做什麼就做什麼，別人的勸告妳不太能接受。」

「太逞強了對不對？」隔壁一位女士說話了，原來她是這位小姐的媽媽。

「對！就因爲太逞強了，所以妳才會有今天的這種結果。在過去世裡，妳是年輕的農夫，身材不錯，身體也很好。看到的畫面是天正下著大雨，周遭的人都穿著簑衣，唯獨你只穿一件褲子，任憑別人怎麼勸你，你依然一副很得意的樣子，讓雨水毫不留情的打在你的身上。我的故事就只有這樣而已。所以妳的病可能和皮膚有關。」

「可是我的病是紅斑性狼瘡，也有白血病。」

「紅斑性狼瘡有什麼特點嗎？」

「那是一種免疫系統出了問題的病。」我又學到了一點。

「對不起！因爲我不懂醫學，所以我不知道該如何解釋，到底淋雨和免疫系統能扯上什麼關聯。不過，如果從這個因果故事來分析的話，應該還是和外表的皮膚有關。妳想想看，淋雨是從那裡開始淋的。」

「從頭部。」又有人作答了。

「妳爲什麼要戴帽子呢？」

「因爲我有白血病，所以須做化療，做化療就會掉頭髮。」

「如果是這樣，就沒有辦法印證我的說法了。假設有因果的話，我們可以說——就因爲妳過去世愛淋雨，所以常常受到酸雨的侵害，也許在那一世沒有怎麼樣，但是累積多了，這一世才看到它的效應，害得妳很容易掉頭髮。可是妳說掉頭髮是因爲做化療的關係，很抱歉！我沒有辦法爲妳解答問題。」

「照理說只要化療一停，頭髮就會再長出來，可是奇怪的是，我的頭髮就沒有再長出來了。」

「醫學上怎麼說呢？別的病人有沒有長呢？」

「醫學上說頭髮會再長出來，別的病人也都有再長出來，只有我沒有。」

「那也不對，因爲我所看到的畫面，你是一個光著上身的農夫，如果說頭髮會掉，那麼妳身上的毛也應該和一般的人不太一樣才對。」

「對！沒有錯！我身上的毛眞的很少！」

有禿頭煩惱的人，看了這一篇之後，你有什麼感想呢？怕禿頭的人，看了這一篇，你就知道該怎麼預防了。

＊噴灑農藥

「我想知道先生的身體。」問的是一位婦人，而她的先生並不在現場，這是台中一家生機推廣中心辦的小型座談會。

「我看到一架直升機在飛，它的後面有好多好多煙霧，喔！我知道了，那是一架噴灑農藥的直升機。有一個人突然跑進了畫面，飛機在我的右手邊，這個人從我左手這邊跑進了畫面，這個人就是妳的先生。」

「在那一世裡，他是農夫。因爲要噴灑農藥，所以有關單位統統準備妥當，也通知該地區的民衆不要進入噴灑農藥的範圍內，以免引起中毒。當直升機正在噴灑農藥時，妳先生突然想起了一樣東西還放在農田裡，於是跑進危險區內。本來妳先生算得好好的，所以他跑在飛機前面，因爲風勢是由前面向後吹，誰知道這麼巧，突然颳起了一陣風，由後往前吹，就這樣煙霧吹到了妳先生身上。所以妳先生這一世可能比較會有表面性的疾病。」

「我先生得的就是皮膚病。」

當然了，除了叫當事人去看醫生以外，大部分我還會教他們如何去行善。有時候，還得作心理諮商或心理治療。爲什麼我不在書裡面繼續說明清楚呢？因爲，過去世的故事和這一世實際的狀況，我可以當場印證一些，但是，我教對方行善的方法，是否眞的對他們有所幫助，我並不知道，因爲我沒有繼續追蹤下去。至於其他方面的心理諮商，因爲每個個案情況不同，當事人的個性或背景也不全然相同，所以我不能完全寫出來，以免誤導了大家。

我以爲，只要將祂們所要傳達的訊息，毫不保留的說出來，至於對方要怎麼想、怎麼做，那都是他們自己的事，我無權過問，也無須關心。慈悲是好，但可別阻礙了別人的成長。

就像祂們對待我一樣，放心的讓我一個人「單飛」！我也用同樣的態度，「一視同仁」的對待所有來找我問事的人。

＊坐化成仙

他大概六十歲的年紀，想知道身體的因果。

「你是不是有參加宗教團體呢？」

「對！我有參加念佛會。」

「你是不是很希望可以預知自己死亡的日期呢？」

「對！」

「爲什麼？」

「如果我可以預知的話，那麼就可以不用麻煩別人了。」

「哪有人死了不用麻煩別人呢？你乾脆直接跳海餵魚吃就行了，既環保又可以做魚的飼料，只是那種行爲看起來比較像是自殺。你可以採用另一種方法，就是先在地上挖個洞，再把棺材放進去，然後坐在棺材裡等死就行了。」不要以爲我在開玩笑，因爲過去世的他正是如此。

在過去世裡，他是一個很有名的道士，為人處事也都很好，老了之後離開職場，到一個隱密的山洞裡修行。因為是有名的道士，所以他很希望能夠坐化而死讓自己更出名，證明自己的修行很高竿。我看到的畫面就是他坐在山洞前面，背對著洞口呈打坐的姿勢。

他非常希望能夠坐化成仙，可是：「如果你想要坐化也就罷了，偏偏每一餐飯你又非吃不可，所以我看到你打坐的畫面是頭越垂越低，背越來越彎，因為你越來越老了，最後還是沒有坐化成功。」

「我的病是僵直性脊椎炎，妳看，我的頭是歪的，沒有辦法直起來。」他還特地站起來讓我瞧個清楚。哇！眞的！他的頭眞的是歪的、往前傾，沒有辦法像一般人正常地直立起來。

座談會結束後，這位看起來很溫和的老先生親自開車送我到車站搭車，他告訴我：「當我開始學打坐之後，我的病才開始發作。」

＊聲樂家

她想知道身體狀況。

「妳是不是很會唱歌？」她點頭回答我的問題。

「她眞的很會唱歌。」朋友們紛紛說著，可是我抬頭看了看她的身材，怎麼會差這麼多呢？畫面中的她，是個高大又豐滿的女人正張大嘴巴在唱歌，突然，她低頭用手摀住嘴巴，咳了一下……。那時候的她，是個活躍在舞台上的聲樂家，是歌劇中的女主角。

「如果我的因果資料沒有錯的話，妳的肺部、胸部，還有肝或腎應該會有問題。」

「我有肺積水，還有乳癌。」

我把前面看到的畫面告訴大家：「那時候，她得了類似開放性肺結核的病，因爲這是一種會傳染的病，如果患病的話勢必就得從舞台上退下來，可是她有經濟上的壓力，更不想失去舞台上的光環，於是她隱瞞病情、胡亂吃藥，還照樣活躍在舞台上。」

「妳得了肺結核卻沒有好好醫治、好好照顧自己的身子，所以肺部、胸部不好，再加上妳又亂吃藥，所以在這一世中，肝、腎也都有可能會出問題，因爲妳的體內累積了不少的毒素。」

「我必須提醒妳，妳的病情可能不太樂觀，妳要有心理準備。如果我的資料正確的話，那麼在那一世中，妳不但自私地隱瞞病情，又繼續在舞台上開口唱歌，結果有很多人被妳的口水給傳染。如果那些被妳傳染到的人想要債的話，就可以一個個轉世，再來和妳碰面、跟妳要債，我的訊息是那些人不想向妳要債，也就是說，他們統統原諒了妳。」

「如果債權人原諒了債務人，老天爺就會把當時債權人所受到的病痛，全部投射回到債務人的身上，讓他自己嘗嘗當時債權人的滋味。妳想想看，除了妳自己因爲不照顧自己的身體，把上一世的病痛直接帶到這一世之外，妳還得承受債權人所投射回來的病痛。所以我才敢推測，妳可能會比一般的乳癌患者更容易復發。」

「我是在初期的時候就發現得了乳癌，也開刀了，可是卻比別人更早復發。現在已經肺積水不退，而且也擴散到骨頭了。」

＊假酒

過去世的她是個釀造假酒的人，其中有兩個人因爲喝了她的假酒而出問題。在這一世中她有三個兒子，其中老二和老三都是天生的白內障患者，出生之後沒多久視力就近乎全盲，只好不停地進出醫院接受開刀治療。加上先生又長期在大陸上班，所以照顧孩子們的責任全落在她一個人的身上。您知道她這一世的職業是什麼嗎？是護士，而且一畢業就一直待在眼科開刀病房服務，是個非常盡責的護士。

她靜靜的，一臉平和，才三十出頭的年紀，我卻看不到她這樣年紀對這種命運該有的抱怨與抗議，取而代之的反而是無奈與認命。

「妳是我所見過最勇敢的女人，雖然妳還這麼年輕，可是妳卻如此平靜地欣然接受命運的安排。我很擔心妳這個樣子，因爲太反常了。如果哪一天妳實在撐不下去了，我不知道妳是否會採取錯誤的舉動。」

「不會的！因爲我是個護士，所以我知道如何排解我自己的情緒，當我心情不好的時候，我就會找個地方讓自己靜下來，喝杯咖啡調適一下。」她還是很平和的說著，可是周遭已有不少人在開始擦眼淚了。

祝福妳！勇敢的小女人！

＊會有這種可能嗎？

女兒陪著只會說台語的媽媽來參加座談會，媽媽想知道她的身體狀況。

「您有沒有看過醫生呢？我不希望各位迷信，也絕對不願意誤導各位的病情，我的觀念是有病就該看醫生、吃藥，實在找不到任何的病因的話才來找我，我頂多是爲各位說個因果故事，讓你能夠心甘情願一點罷了。」每一次對方問身體的問題，我就得囉嗦一大串。

「有！」當對方說「有」的時候，對我來說分明就是一大挑戰。如果是問未來的婚姻、事業、財運等等，那麼我要騙人、要造假一下，實在是太容易了，反正以後如果不是如我所預測的，各位也沒有權利回頭找我算帳。可是如果是問身體，而對方又看過醫生的話，那麼一出口馬上見眞章。不過這些時日下來我也慢慢變聰明了，是被各位訓練出來的。

我沒有透視力，沒有辦法看到各位這一世身體的實際狀況，我只能從過去世因果的角度幫你們調資料看看，如果剛好被我「猜」對了，那是因爲過去世您自己的所作所爲，影響到這一世的身體，也就是說，過去世是因，而這一世身體的病痛是果報。

如果我所說的情形，和您實際狀況不一樣的話，我可以爲自己找藉口，我會說：「這一世身體的病痛是因，未來世才是眞正的果報。」我也可以這麼回答：「如果我調到的資料正確的話，那麼這件事只是還沒有發生而已，並不代表它永遠不會發生，所以也不能說我算錯了。」

我有說錯話嗎？「我穩贏的！」這是我常講的話。有沒有搞錯啊！會有這種可能嗎？眞的會有這種可能嗎？如果眞是這樣，那麼……。等一下，我再看一次，沒錯啊！淸淸楚楚的！（雖然我說是淸淸楚楚的，但那是我以爲的淸淸楚楚，如果用一般人的標準來衡量，一定是看得霧煞煞，何況還是黑白影像。）

「如果我的因果資料正確的話，那麼妳的脖子、手腕、腳踝還有頭上，這幾個地方可能會感到不舒服。」

「對！我媽媽眞的就是這幾個地方不舒服！」

「醫生怎麼說呢？」

「媽媽的脖子以前就開過刀，現在又有狀況，醫生說可能是惡性的，另外媽媽的頭上也有長瘤，腳也因爲車禍受傷了，手也不好。」

「啊！還眞的是這樣啊！怎麼會有這種可能呢？如果我把這個故事說出來，那麼知道這個故事的女人，可能會有所改變。好！大家猜猜看，假設她在過去世是個女人，再加上我前面說的那幾個部位，請問在過去世的時候，她到底發生了什麼事情呢？想想看，一個女人的那幾個部位是做什麼用的呢？」讀者們，您也不妨想一下。脖子、手腕、腳踝、頭上。

在座談會中，我常常要求在場的朋友們動動腦，不要傻傻地被我的因果故事牽著走。雖然科學這麼進步，我們對大腦又懂得多少呢？可能還不到百分之一吧！有時候，我還會要求問事的朋友先講出他目前的狀況，然後再教大家如何利用因果輪迴轉世的基本模式倒推回去，推測在過去世裡，當事人可能是發生了什麼「因」，所以才會有今日的「果」。再將大家的推測，和我實際調到的資料作比對。您以爲如何呢？如果您能夠帶著上課的精神來參加座談會的話，一定會大有收穫的。

想不到答案的還不止我一個，在場的沒有一個人猜對。您呢？

「在過去世裡，她是個非常愛炫耀的女人，一天到晚把家中所有的首飾戴在身上，頭上、脖子、手腕還有腳踝，沒有一處不戴，還戴了一大堆。光是在胸前，我就看到大約十公分寬的項鍊。各位想想看，身體的這幾個部位承受得了嗎？就算不會痛，長久下來筋骨也會出問題的。」

「我比較好奇的是，光是戴首飾而已就會有這麼嚴重的後遺症嗎？」

「有可能！因爲那是與皮膚作長時間的接觸。」

「如果眞是這樣，那要小心喔！怪不得從我通靈的第一天起，我脖子上的項鍊就莫名其妙的斷了。我是從小學就開始戴項鍊的人，一直戴到大，直到開始通靈的時候就莫名其妙的自動斷掉。對了！老天爺還不准我染頭髮呢！也許祂們是爲我好，怕我一天到晚染頭髮長期被化學藥水侵蝕，到了下一世變成了腦病變，說不定還會有現世報呢！也許老了容易得癌症，也許不能通靈了。還有手機的輻射傷害也是一個大問題。嗯！這個問題很值得深思！難怪環保團體一再的呼籲大家，要盡量回歸自然。」

後來，我在其他場次的座談會提起這個故事，好巧，有個小姐很熱心的告訴我：「陳太太，我就是從事這個行業，如果妳要寫在第五本書，那麼我可以告訴妳一些重點。首飾的製作過程當中，如果是純金就比較沒有問題，如果是鍍金等經過加工處理的，那麼加工的過程、加工藥水的劑量、藥水的成分是否含有毒素等等，都是必須探討的問題。另外有些金屬還有所謂磁場的問題，再說首飾本身也是挺有重量的，戴多又戴久，與皮膚長時間接觸絕對是很容易出問題的，所以我都會建議客戶戴一下就拿下來。」

＊魚眼睛

「問二女兒的身體。」一對中年夫婦來參加座談會。

那是一條紅色的赤鱆，黑白分明的眼睛，一看就知道這條魚非常新鮮，原來那是一條活的赤鱆。一枝尖刀狠狠的刺進了牠的眼球，再轉呀轉的，魚的大眼睛頃刻之間變成稀爛。這是什麼啊！定下心來再重調一次畫面，完全一樣。不僅顏色鮮明，動作還是連續性的，活的赤鱆被人一手壓住，鏡頭就照在魚的頭上，一個人右手拿了一把三角形的尖刀用力刺進魚的眼睛，然後轉呀轉的，直到魚眼睛弄稀爛了才把刀子拔起來，順手一切，又把牠的尾鰭一刀切斷。

「她的眼睛好不好呢？」

「有一隻眼睛不太好，視力比較差。」這有什麼稀奇，台灣視力不好的人比比皆是。老天爺的畫面到底代表什麼呢？反正祂們也不會告訴我，我就硬著頭皮繼續「吹牛」一下去吧！

「她的腳可能也會不太好，醫生怎麼說呢？」

「腦部的問題。」

「這也有可能，我不知道這會不會影響到腦部。我看到的畫面是……。過去世妳女兒是男的，父親給他的壓力太大，他只好拿魚出氣，有時候自己去釣魚，有時候用買的，拿回來之後，就用一把三角形的刀子……。因爲魚的眼睛離腦部很近，也許就有可能會影響到腦部。被男孩折磨的這些魚是債權人，牠們統統原諒妳女兒沒有來要債，所以，這些魚的病痛自然就會投射到妳女兒身上，讓她自己親自去體會當時那些魚的痛苦。」

「那一世到了後來，兒子實在受不了父親的壓力，最後選擇自殺。那一世的爸爸就是這一世的媽媽。我比較擔心的是自殺的問題，在這一世中，如果她碰到感情不如意的時候，就有可能會想要逃避。」

「她有沒有男朋友呢？」

「有，她有一個男朋友。」

「男朋友知道她的病情嗎？」

「不知道。」

「我希望你們能夠告訴男朋友。」

夫妻倆沒有再問什麼，對話就這樣結束了，我繼續下一個朋友的問題，閉上眼睛，準備調閱下一個資料，可是我實在不滿意前面這個問題的答案，因爲我沒有印證出什麼。問事者也許認爲這樣就夠了，可是我不滿足，我比各位更有科學精神，我不願意像這樣隨隨便便的，就算解決了別人的問題，那會讓我的心中永遠存著一個疙瘩。

畫面上明明強調，刀子刺在魚眼睛上又用力轉來轉去的，如果只是視力比較差，台灣地區那麼多人視力不好，又該如何解釋呢？這就是通靈人最害怕的「障礙」——如果無法馬上讓自己的腦袋瓜「放空」，就無法接收新的資訊。

「妳女兒的眼睛到底怎麼了？」我不死心，回過頭再問個清楚。

「醫生說，她的腦部這裡有一點點問題，會影響到她的眼睛，所以視力也會跟著受到影響。」太太用手在自己的前額上，比了一個位置。

「有什麼現象呢？」好奇寶寶一不做二不休，乾脆打破砂鍋問到底。

「她的一隻眼睛有時候會不聽使喚，突然不能自在轉動，有時候就會停在一邊，有點像是定住了，不過也只是一下子的時間而已，大概三、四秒鐘之後又好了。」

「她自己知不知道眼球突然不能自在轉動呢？有沒有吃藥？」

「她自己知道，也有在吃藥，現在好多了。」

各位，這個故事帶給你什麼樣的感受呢？很訝異吧！如果你不訝異的話，我服了你。身經百戰，聽過、看過、說過多少個因果故事的我都傻了，久久不能自已，這是什麼樣的因果輪迴啊！

常有人問我：「殺害動物有什麼因果呢？」

必須以事發當時、當地的時空背景爲基準，同樣的，也是以法、理、情爲依據。以台灣爲例，早些時候的農耕時代，合理的鞭策牛隻是正常的，如果是虐待或惡意毒打牛隻，或以其他種種不仁道、不平常的行爲對待動物，那麼被虐待的動物可以直接轉世爲人來要債（這些轉世爲人的動物，可能會帶有該種動物的某些習性），也可以原諒債務人，讓債務人親自嘗嘗當時牠們所受的痛苦。

＊雞脖子

一個婦人想知道她的身體。

很簡單的畫面，有個人用左手一把抓起雞隻的兩個翅膀，然後再伸出右手狠狠地握緊雞脖子，直到這隻雞窒息而死。他用這種方法結束了很多雞隻的生命。

＊縱慾（一）

婦人的身體沒什麼啦！只是脖子常常不舒服，肩膀也不聽使喚罷了。

他才二十出頭而已，看起來粗粗壯壯的，卻想要問有關身體的問題。相信嗎？我看到什麼畫面呢？我不得不再看清楚一下，雖然畫面變得不一樣，可是代表的意思卻還是一樣。第一個是打手槍（自慰）的畫面，第二個是做愛的畫面，畫面非常模糊，可是一瞄就知道。問題是在一大堆人面前我要如何啟口呢？要我說出口並不難，可是對方下得了台嗎？

「你可能會是泌尿系統或男性生殖器官的問題，如果還有的話，那麼可能會有一點點心臟的問題。」

隔壁的小姐代他點了點頭，啊！還眞的被我「猜」對了！

「醫生怎麼說呢？」

「醫生說，那是腎硬化。」

「在過去世裡你常常跑妓女戶，一天到晚行房辦事，所以這方面的器官操勞過度，因果故事就這麼簡單而已。怎麼會這麼巧，昨天就有一個太太的故事也和你差不多，你知道嗎？她這一世懷孕六次，結果……。」

「什麼叫做腎硬化呢？」好奇寶寶問。

「醫生說，那是指腎纖維化了。」

「在中醫方面的說法也許會說——腎虧，或說——敗腎，和早洩的情形很類似……。」在場的人士七嘴八舌地討論著。

「我的訊息是，它的功能不會變好，沒有辦法回復到原來健康的樣子，所以你自己要節慾一點，也許你還可以請教中醫師，中醫對這方面應該也有相當的研究。你的醫生有沒有告訴你，嚴重的話會怎麼樣呢？」

「醫生說，如果嚴重的話就要洗腎。」

＊縱慾（二）

她四十歲左右，簡單的一句話：「我想知道我的身體。」

「妳有婦女病。」

「對！我就是婦女病。」

「我看到的是，戰爭空襲的時候，妳挺著大肚子拚命地往防空洞跑，就因爲這樣而流產了。很巧的是，妳常常大肚子，常常跑防空洞，也常常在流產，我想大概是日據時代吧！不然的話怎麼會有那麼多空襲警報。問題是，妳為什麼一天到晚大肚子呢？原來妳很愛房事，常常主動找先生辦事，偏偏妳又很容易受孕，挺個大肚子又碰到空襲警報，難怪會常常流產。流產也就罷了，可是妳又不好好調養身體，於是惡性循環，辦事、懷孕、空襲、流產、不調養身體，又繼續辦事、再懷孕……，當然妳會有婦女病了。這種情形是因為妳在過去世的時候，不好好照顧自己的身體，所以在轉世的過程中，就會把過去世那一個壞的身體直接帶過來，妳自己就是債權人也是債務人。」

我以為故事說完，對方也認同我的答案就結束了，沒想到……。

「我一共懷孕六次，結果只生下一個女兒，女兒已經十四歲了，先生和我都非常喜歡小孩，可是事與願違，連醫生都不知道哪裡出了問題。」

「妳先生就是那一世裡的先生，也就是說，夫妻兩人同時再來轉世。」

以下就是這位婦人的懷孕紀錄——第一胎：懷孕九個多月，也有陣痛，趕到醫院時，卻已經胎死腹中。

第二胎：有了第一胎的經驗，所以懷孕期間相當的小心。懷孕七個多月的時候，羊水破了，醫生建議安胎，經過安胎三、四天後，還是胎死腹中，是嬰兒臍帶繞頸的問題。事後醫生檢查夫妻兩人的基因、免疫系統，都沒有發現任何問題，連死去的胎兒也送去檢查，一切正常。

第三胎：懷了一個多月就流掉，醫生說是胚胎不健康。

第四胎：產前檢查一切正常，嬰兒也夠大，所以醫生建議在預產期前半個月剖腹生產。當嬰兒從母體抱出來的那一剎那，全身發黑，在醫院裡住了十一天。這個嬰兒現在已經十四歲了。

第五胎：懷孕一個多月，又自然流掉了。

第六胎：懷了四個多月，胎死腹中，順便做結紮手術。

＊天譴——農家子弟

來了一位男士，我看了因果之後說：「你的右腳不好，看醫生也沒有用，醫不好的。」他答：「是啊！妳怎麼知道呢？十多年了，看了好多的醫生也都沒有用。」我說：「那是因果病，查不出來的。」故事開始了，在某一世裡，他是一個約十六歲的農家子弟，家中母牛產子，他為了試試自己的臂力如何，於是一把就舉起了小牛的右後腿，在半空中旋轉了幾圈，再放下。好了，小牛的腿受傷了，從此跛了一足。但在那一世裡，請問各位，牠要如何向這個小主人抗議呢？

老天爺秉著公平原則，只好安排這一世讓他自己嘗嘗那種滋味了。我勸他：「看來你只好戒掉吃牛肉的習慣了，另外的，就是不要做劇烈的運動，因爲那一隻腳是天生下來就受傷了。」結果他的回答，讓我不知道該如何繼續說下去，他說：「可是醫生叫我要多做運動」。

＊天譴——減肥

我兒子同學的媽媽帶著兩位朋友來見我，其中一人的先生開刀住院，似乎情況不太理想。猜猜看我看到了什麼，畫面裡地上躺了好幾隻又大又肥的豬公，但是都已經死了，有一個人蹲在地上，正在殺最後一隻豬公以便取牠的活血。原來這個人先偷了這幾隻豬公，然後綑綁起來，刺一刀，讓豬公流血致死，爲了就是取出活血，高價出售，賺取可觀的利潤。當時，地方上正在流行一種疾病，有人謠傳說喝豬公的活血可以治病。

「妳先生是不是很胖？」

「是啊！他就是因為太胖，才去開刀減肥的。」

「可是我擔心，他會流血太多。」

「是啊！他就是做完開刀減肥手術之後，血流不止，才再進行第二次手術的。」

這個時候，我才告訴她們我所看到的因果故事，接下來我說明錯在哪裡，第一，不用懷疑的是「偷」的行為錯了。第二，當時，鄉人有急難，而此人卻想從中獲取不義之財。第三，那是豬公，是要祭拜之用的大豬公，等於是跟神仙過意不去。第四，那種殘忍的殺法，對豬公而言是一種被凌虐致死的無奈。怎麼補救呢？

比較特別的是那些豬公當場派出代表出來談判，牠們希望當事人能夠去做有關於動物的善行，例如贊助流浪貓狗的結紮等等。當時一起同來的兩個朋友也說話了：「我們也各出一份幫你的忙。」我沒有再加以說明的是這種善行也只是在彌補第四項而已，第三項，就算神仙不會跟你計較，那也還有第一項、第二項，該怎麼辦呢？各位，用一下大腦替當事人想想，該怎麼處理才好。

＊天譴——灌香腸

有一位男士問我，爲什麼他的女兒全身到處發癢的皮膚病老是醫不好？這個例子比較特殊的是來者自己先告訴我他的困擾。對我來說，我不喜歡這種作法，因爲那會讓我自己覺得自己像是在聽完結果才「編故事」的，有點騙人的感覺，也缺少了挑戰性。我絕不是個迷信的人，相反的，我要求證據。菩薩必須先證明給我看，譬如祂能夠先說出對方的個性，或先指出對方身體那裡不舒服，先讓我這個通靈者相信祂們眞的「有能力」，我才會願意再進一步爲祂服務。雖然不具挑戰性，但是想到自己也曾被皮膚病所苦，於是我閉上了眼。

一個中年男子在灌香腸，材料中加入了一些不明的成分，那一世裡，沒有人中毒，也沒有人死亡。但是這位男子心知肚明，自己淸淸楚楚地知道，爲了增加美味，他加入了有害人體的調味料，雖然只加了一點點，但這樣就夠了。我在《如來世3——因果論一》的〈黑盒子〉裡所曾提到的，就算老天爺不知道，卻也瞞不過自己的良心，躲不過自己的黑盒子。在現今的社會中，我們能夠說不知者無罪嗎？知法犯法者，當然得接受法律的制裁，而那些本身的職責又是個執法者的人，是否要加重他的刑罰呢？

在這一世裡，這個小女生被自己的良心懲罰著，我告訴這位憂心的父親說：「你不妨用你女兒的名義，在經濟範圍許可內，贊助消費者文教基金會去做市面上食品的檢測工作。」

潛意識的心結

到底是欠債還債？有恩報恩？還是學習？考試？服務呢？如果您的日子裡，老是被一些人、事、物困擾著，讓您實在想不透，到底在過去世裡發生了什麼事，才會導致今天這種局面，這時候的您該如何是好呢？有必要追根究柢尋找答案嗎？

如果請教十個通靈人，而有了五個不同的答案時，請問您該相信誰呢？如果您有機會碰到高人指點的話，要相信哪一位高僧大德呢？如果想盡辦法都還是一樣，無法找到「合理的解釋」，那麼這些牽腸掛肚的「心結」又將如何排解呢？您「放得下」嗎？如果放不下，那麼在未來世又可能會有什麼樣的「果報」在等著您呢？

發生在民國九十二年（西元二〇〇三年）十月，台北縣育林國中的學生進行校外畢業旅行，當遊覽車行經鶯歌附近的平交道時……，因遊覽車司機疏忽駕駛而被迎面駛來的火車撞翻，造成了四死及多人輕重傷的慘劇。隔沒幾天，又發生了嘉義梅林國中學生畢業旅行四死及多人輕重傷的悲劇。從電視畫面中，看到那些哭斷肝腸也喚不回愛子、愛女的父母，有誰會想到下一個喪子的就是自己呢？當問事者問：「我的……過世了，該怎麼辦呢？」「如果我的……過世了，我該怎麼辦呢？」

「我的……過世了，我很難過，我實在走不出來。」說這些話的人往往是紅著眼眶的，可是我從來就不會受到他們的影響。看多了，聽多了，我的心早已比別人「硬」、比別人「狠」。

我是被訓練出來的，當一般人沉醉在家人同樂的場景中，計畫將來要和家人怎樣的時候，各位可知道我心裡是怎麼想的嗎？祂們是這樣訓練我的——祂們要我隨時做好失去兒女的準備。對一個女人而言，兒女很可能是她生命中最重要的支柱，女人之所以可以很堅強的活著，往往是爲了兒女，這一點就不是未婚者可以體會得到的。所以祂們才會說，婚姻生活絕對可以累積很多的智慧。

我怎麼訓練自己呢？那一段時日我會思考，如果突然失去了大女兒，那麼屬於她的東西，我要怎麼處理呢？家中的家具擺設，我會如何更改呢？如果我失去了二女兒……，如果我失去了兒子……，如果先生走了……。如果我走了，這一點倒是比較放心，因為如果我走了，我的弟妹們一定會幫我處理得很妥當。剛開始的時候很不是滋味，但是重複一直思考這類的問題，我慢慢學會放下了，也把生死看得非常「淡」、非常「開」了。

再怎麼不舒服的死亡方式，都代表另一個生命即將重生，只要不是自殺，我相信自己絕對可以很坦然的面對老天爺對我的「評價」，因為那個評價全部都是「我自己的傑作」，和任何人無關。同樣的，只要我把正確的生活態度——「坦然面對自己的所作所為」教給我的孩子，那麼就算他們是在年紀輕輕的時候就走了，就算他們轉世到其他的時空我都不會擔心，不會擔心他們的轉世會出什麼大問題。

死亡前的心結

我在《如來世3——因果論一》的〈欠債還債〉和〈有恩報恩〉中，一再提醒各位，原諒別人和施恩不求報的重要性。我也再三強調，一定要在平日的生活當中，把原諒別人，又不阻礙別人的成長，以及施恩不求報，變成日常生活很自然的一種習性，你才有可能在離開人世間的那一剎那，作出最明智的「抉擇」。

基本上這些抉擇，指的是你和別人之間的關係，至於你「自己對自己」的因果又有那些呢？譬如，如果你在過去世，就是個老愛隨便在路邊找地方尿尿的人，你以爲神不知鬼不覺，沒有被人發現，但是你自己的黑盒子卻從來不敢罷工。在這一世裡，也許你就會莫名其妙，老覺得後面有人在盯著你看，一天到晚緊張兮兮的。

又譬如，你總愛順手牽羊，也從來沒失手過，就算被發現了，你心想頂多說一句：「我也只不過是拿了一點小東西而已！」是啊！也許每次都不超過十塊錢，但是總可以累積一起計算吧。就算對方不和你計較，但是到了未來世，用膝蓋想也知道，你怎麼可能會有所謂的「事業」呢？不被裁員就已經阿彌陀佛了。

又譬如，你總愛大吃大喝，大魚大肉，也許還煙不離手，檳榔不離口。是啊！你的身體眞的很好，從來不曾出問題，還健壯得很。這一世裡，你未曾傷害過任何人，連一隻螞蟻也不敢打，但是，你卻傷害了自己，傷害了你自己有形的肉體。你自己的肉體，變成了你自己的債權人了。這一下，鐵定完了！未來世，一個先天不良的肉體，會等待著你的靈魂去投胎。

我常開玩笑的說，如果你眞的是一個看得開、放得下的人，哪天被車撞當場就死了的話，也許還可以算是一種福報。因爲如果沒有被撞死，不管是重傷還是輕傷，在這一世中，你就很容易產生「一朝被蛇咬，十年怕草繩」的狀況。如果還沒斷氣，又被肇事者拖行好幾公尺，你想，那種滋味，慘痛的經驗，還眞是會畢生難忘！

所以「死亡前的心結」，一般指的就是臨死之前的一種心境，那種特別的心境，往往會因爲當事者無法「放下」，而「自動延續」到這一世。這可不是老天爺注定你命該如此，而是你自己無法忘卻當時的心結所造成的後遺症。

就好像有個寡婦，當她再婚時，還把前夫的情書、相片等等的紀念物，原封不動帶到第二任先生的家。然後有事沒事，又會把這些東西拿出來回味一下。不如意時，又老是把過去的經驗提出來，拿前夫和第二任先生作比較。如果你是第二任老公的話，你受得了嗎？好了，現在我們就把過去世的死亡心結，當做是前夫，而第二任的先生就是指這一世的生活，你想這一世的生活會被過去世的心結所影響嗎？誰害寡婦如此難度日呢？她自己吧！

舉個最簡單的例子，在上一世，如果你是「被火燒死」的人，在這一世裡，你可能一看到火勢大一點的火，就會血壓上升，心緒不穩定，甚至還會大吼大叫。爲此還到處看醫生，卻往往不見效，如果碰到蒙古大夫，說不定還會說你精神有問題。如果你是「溺水而死」的人，也許會常常有胸悶或喘不過氣來的感覺；如果你是因爲「搭乘飛機出了意外而死亡」，我想到了這一世，也許說什麼你都不肯踏上飛機一步……。

所以如何「瀟灑」的面對死亡，的確是一門很難的功課，偏偏「死亡」這個學分，又是必修課程，每個人只要是出生了，就一定得面對死亡，自古至今，從來沒有一個人逃得過。所以我才會開玩笑的說，被車撞或遭逢意外而馬上死亡，未嘗不是一種福報。只不過這些人，如果不是平日就能夠接受「人生無常」，或者「隨時都有死亡的心理準備」，那麼到了下一世，這個當事人肯定會變成一個「很沒有安全感的人」。

佛教界人士常勸人說，當你要往生時，不要怕，要專心誦念佛號。問題是念佛號的目的，不是因爲念了就可以往生西方極樂世界，絕對不是這樣的，哪有這麼好康的事。我以爲當你集中精神誦念佛號時，也許有可能就因此而暫時忘卻了肉體上的痛苦，或精神上的不如意。念呀念的，就這樣斷氣往生了。那麼當你再來轉世爲人時，就不容易把過去世死亡時的痛苦心結，一併帶來。我想這種轉移注意力的作用，才是臨終前誦念佛號的眞正目的。

如果晚上常常失眠睡不著覺，醫生有可能會教你閉上眼睛，想像你自己正在數羊，一隻隻羊跳過圍欄的樣子，數呀數的，就這樣睡著了。當你看完這一章，能不能也為自己想個法子，想想，如果很不幸的，你碰到了生死關頭，而且還可能就這麼一去不回頭的話，你要怎麼做，才可以讓自己坦然接受「死亡」這一回事，並且還得「放下」一切，忘卻當時的痛苦與不安呢？這種痛苦與不安，也許是肉體上的不適，也許是內心對某些人、事或物放心不下。

常有人這麼問：「我的身體這麼差，太早走的話，小孩怎麼辦呢？」我總是很不以為然的回答：「別把自己想得太偉大了，少了你，你的孩子還是照樣活得好好的，照樣能夠長大成人。」天無絕人之路，不是嗎？

意外死亡者的行為特徵

我說，如果因為車禍而馬上死亡的話，那也是很不錯的結局，可是後來卻印證到意外死亡的人到了未來世，可能會有兩種行為特徵，於是我開始重新思考這個問題。

我思考著，如果我自己突然死亡的話，那麼我的靈魂是否能夠在最短暫的時間內做好相當的準備。與其死後才臨時抱佛腳，不如在生前就隨時做好死亡的準備，把生死看淡，有意義的度過每一分、每一秒。生命的旅程起伏不定，豈能盡如人意，但求無愧於心，不是嗎？

後來有機會到台中的開懷協會辦一場小型的座談會，現場有很多乳癌患者，我突然想到一件事，我對大家說：「意外死亡的人，到了下一世可能會有兩種行爲特徵……。那些意外死亡者和各位比較起來，我覺得你們比他們幸運多了，因爲當你們知道罹患癌症的時候，內心的恐懼是絕對免不了的，可是在這個駭人的時刻，你們也同時爲自己的死亡做了準備。」

遇到意外事件的時候，如果不幸「當場瞬間就死亡」，例如被車子從後面撞擊瞬間死亡，例如突然瓦斯氣爆被炸死，例如在浴室內不慎滑倒導因腦震盪死亡等等，那麼到了未來世，這些在意外中瞬間死亡的當事人通常會有兩種的行爲特徵。

第一，會比較沒有安全感——如果過去世的意外事件是發生在幼年時期，那麼在這一世裡，沒有安全感的特徵，也許會隨著年紀的增長而慢慢減退。如果意外事件是發生在成人的時候，那麼這種沒有安全感的現象可能存續的時間會比較久。

第二，對未來的事情，考慮得比較少——我常用另一句話解釋——「另類的活在當下」。也就是說，這些人在面對未來的問題時，常常會有一種直接的反應——沒關係啦！到時候再說吧！時到時擔當，沒米煮番薯湯！和一般常人比較起來，他們比較沒有「長遠的眼光」，比較「不會規劃未來」，是屬於那種「及時行樂」型的人。爲什麼會如此呢？因爲這些人的生命是「突然中斷」的，根本就還來不及學會規劃未來。

潛意識的心結

如果當事人在平日沒有學會放下的功夫，一旦碰到意外事件「沒有當場死亡」，那麼，在等待救援時的煎熬及急救過程中種種痛苦的感受，都有可能會繼續帶到下一世，因爲這些印象實在太深刻了。也就是說，到了下一世，當事人除了不會規劃未來之外，他的「不安全感」會更加嚴重，尤其是碰到和過去世差不多年紀或相類似的境遇時，會更不知所措。有時候，他的精神狀況還會「回到過去世」，出現種種不安、或不合常理的舉止。這種情形就像是「一朝被蛇咬，十年怕草繩」這句話一樣。

舉個例說明，被火燒死的人大概都不是一下子就死亡的吧！那麼當他身陷火海，吸不到氧氣時，當他身處高樓雲梯卻到達不了的時候，如果您就是當事人，您可以想像得出那種絕望的感覺嗎?如果他沒有被燒死或嗆死，而是被救出火場，可是卻全身百分之九十的二級或三級燒傷，經過好一陣子的急救處理，結果還是走了。這段時間的折磨，有多少人能夠承受得了呢?

這一世裡的他一定會非常的痛苦，因爲他會莫名地怕火，莫名地不敢住高樓，莫名地覺得胸口很悶吸不到空氣……。別人不了解他也就算了，可是連他自己，也無法爲自己的行爲找出一個令人釋懷的答案。我想，有些憂鬱症患者也許就是處在這種情境而不自覺。

同樣的被火焚身，可是經過好一陣子的救治，終於撿回了一條生命，肉體是好了，心頭上的那個「結」呢?我想，還是一樣，「無法痊癒」吧!怎麼辦呢?不安全感依舊存在，但是就有可能因此而學會了未雨綢繆、規劃未來，於是他爲房子買火險，爲全家人買意外險、人壽險，家中也裝了偵煙器，放了滅火器……。

再舉個例子，如果是被水溺死，那麼未來世可能會很怕水，不敢靠近水，不敢游泳。

再想想看，什麼樣的情形之下，可能會讓你產生「心結」呢?萬一這個心結很嚴重，影響的時間又長久的話，那麼很可能就會變成你未來世的「潛意識心結」，怎可不愼?

例如:妳是個女生，碰到電梯之狼，不管妳是否失身，或是被妳掙脫逃掉了，請問，以後當妳再搭乘電梯的時候，妳會是什麼樣的一種心境呢？緊張、恐怖、戒備……。如果妳不是當事人，可是妳卻住在事發的那一棟大樓，妳又會如何呢？

例如：妳被綁架了，不管是什麼樣的原因被綁架了，雖然後來獲救，請問，以後當妳走在路上的時候，是不是不太敢抬頭看人，是不是會隨時左看右看地怕被人跟蹤，是不是不太容易相信別人呢？

例如：在過去世因爲家徒四壁所以一天到晚餓肚子，到了這一世，當事人也許就會莫名地害怕沒東西吃，於是就會買一大堆吃的東西放在身邊，唯有這樣才會覺得有安全感。（我就碰過這種女孩，她拿到的第一份薪水，居然是去買好多吃的東西，而在她的辦公室裡，起碼存放著一個星期份量的乾糧，她告訴我，她很怕沒有東西可以吃。）

至於碰到意外事件卻倖免於難的人，到了未來世，往往就會和前面所舉例的那些死亡者有著截然不同的個性。他們「很會」規劃未來，凡事考慮周詳，善於未雨綢繆，不會臨渴而掘井。爲什麼呢？因爲在過去世他們就已經親身經歷過了，也學乖了！

所以，死亡前的心結也是「潛意識心結」的一種。假設您就是下面這幾個因果故事的主角，看完我的解說之後，是否能夠眞正放下生活上種種解不開的「潛意識心結」呢？還是那句話：「哪裡跌倒，就哪裡爬起來。」如果我沒有機會為您服務，替您找到答案，希望您也能夠試著自己編個故事，讓自己稍稍的寬寬心。

＊全家福的相片中就只少了我一個人

四個人——三個姊妹和其中之一的先生一起來，很熟悉的面孔，原來是我小時候的「板橋舊厝邊」，小時候我最喜歡吃她們家的「枕頭麵包」。

妹妹問道：「我們的家境不錯，我的父母共生了七個女兒一個兒子，可是母親對其他七個小孩都很好，唯獨對我卻不太一樣。這讓我覺得很不舒服、很不平衡。」她的聲音有點哽咽。

在過去世裡，妳的父母是一對年輕的夫妻，我看到的畫面是逃難時發生的景象。他們有一個兒子大約是周歲而已，因為逃難的關係，於是年輕的父親只好利用扁擔和竹簍子，一肩挑起家當和兒子，帶著妻子，隨著人潮往安全的地區前進。逃呀逃的，看到路邊有一個大約一歲多的小男孩，坐在地上大聲的哭著，原來他的父母被炸死了。逃亡的人潮很多，可是每個人都是自身難保，沒有人多看這可憐的孩子一眼。

年輕的父親望了一眼簍子裡的兒子，回過頭，就把坐在地上嚎啕大哭的小男孩抱了起來，放進了竹簍，讓兩個年紀相仿的男娃娃一起擠在簍子裡。相較之下，自己的兒子看起來很瘦小，而那個撿來的孩子塊頭就大了些。

走呀走的，破舊的竹簍子出了狀況，破底了！兩個娃兒掉下來，大塊頭只是皮肉之傷，小不點卻永遠起不來了。這一對傷心的年輕夫妻，只好把這個大塊頭當成自己的兒子在撫養，然而喪子之痛卻永遠不是另一個孩子可以取代的。這種說不出來的痛就連大塊頭也感受到了，隨著時間的流轉，當他長大後實在受不了家中的氣氛，只好選擇出外做事，按時寄錢回家報恩。

「妳的意思是說，我是來報恩的。」

「對！」

「那他們應該有感受到我的報恩。」

「怎麼說呢？」

「我的父母都已經過世了，當他們晚年的時候，大部分的時間都是我在照顧。我很心甘情願的照顧他們，可是，一想到媽媽對我的不平待遇，我就會很難過。」

「妳想想看！在那種逃難時刻，爲了多救一個不認識的孩子，卻讓竹簍子破底間接害死自己親生兒子，妳想，那一個喪子的年輕媽媽不會難過嗎？接下來的日子，他們兩夫妻又把你撫養長大，雖然你後來還是有報恩，但是針對他們救你的那個動作，你就得再報恩一次。」

「我再說清楚一點，如果他們救了你，然後把你送到安養機構，那麼，在這一世裡，你還是得報這個救命之恩。也就是說，那一世他們先養育你，後來你從外地寄錢回家，回報他們的撫育之恩，這是可以互相抵銷的；但是，針對在逃難的時候，他們把你從地上救起來的行爲，你就必須再報恩一次。」

「我常說報恩是很難體會得到的，如果妳的父母還在世的話，也許他們會說，他們根本就體會不到妳的報恩。爲什麼呢？因爲在那一世，你和養父母之間都有一個無形的心結，尤其是養母，每次看到你的時候就會想到自己親生的兒子，也許她的兒子根本是因你而死；同樣的，也許你自己也會懷疑，是不是自己害死了養母的兒子。」

「那一世彼此之間就已經有了這麼嚴重的心結。可是那一世養父母死後，並沒有對老天爺說：『施恩不求回報』，所以在這一世裡，妳就一定得來報答他們的恩惠。只是，這樣子的報恩會好過嗎？當妳媽媽看到妳的時候，她的潛意識裡只會想到過去世失去的那個兒子；而妳看到媽媽的時候也會覺得怪怪的，相信也不會好到哪裡去。」

「原來如此，老師，妳知道嗎？我家的全家福照片，就是少了我一個人。」

「對！眞的就是少了妹妹一個人！」

「我們也曾經爲了這件事，希望大家能夠再合照一次，可是媽媽就是不答應。」姊姊們搶著說話，這時候的妹妹眼眶早已紅了。

「對不起，我聽不懂妳們的意思。爲什麼全家人的合照會少了妳呢？妳是排老幾呢？」

「我排老么。」

「妳們家男生排老幾？」

「是我的弟弟，她的哥哥，也就是說，她上面的那一個是男生。」一個姊姊搶著回答我的問題。

「那時候妳還沒有出生嗎？」

「弟弟才幾個月大而已，但是妹妹還沒有出生。」姊姊替妹妹回答。

「我懂妳們的意思了，也就是說，全家的合照就只照到兒子而已，最小這一個女兒沒照到就是了。也難怪媽媽會對妳不太一樣，因爲潛意識裡的她，看到妳就會想到那一世早死的兒子，說不定她內心在吶喊著，就是妳這一個大塊頭害死了我的小不點。所以在這一世裡，她的潛意識裡也會害怕，害怕妳的出現，也許會傷害到這一世裡得來不易的兒子。妳懂嗎？也就是說，妳和媽媽兩個人都各有心結存在。」

「對了！很奇怪的是，父母的財產雖然是留給弟弟，可是眞正在使用的卻是妹妹。」

「我現在睡的床，就是爸爸死的時候睡的那一張床，我姊姊她們不太敢睡，可是我卻連睡的方向都和爸爸一樣，我睡得很舒服，一點都不會害怕，我還夢過他，可是卻從來沒有夢過我媽媽，我很想夢到她。」

「妳怎麼會夢得到妳媽媽呢？妳到現在都還在氣媽媽，心結都還放不下，怎麼有可能會夢得到她呢？」

「那我了解了，我回去一定可以夢到她。」

＊和番的公主

她年約三十歲，想知道她的身體因果。

「妳是不是很沒有安全感？是不是有憂鬱症的傾向呢？妳會不會想要自殺？妳的腸胃是不是不太好呢？」

她左前方的一位小姐點了點頭，並且用右手在自己的左手腕上比劃了幾下，我看了看發問的那一位小姐，她的左手手腕處戴了一個很寬的手鐲。

「對！我的腸胃不太好，而且我吃憂鬱症的藥已經吃了七年。」

「在過去世，妳是一個被選到西域和番的公主，我看到的畫面是一頂轎子，旁邊還有大約二、三十個隨扈同行。這一趟行程除了路途遙遠之外，沿途都是一些荒涼偏僻的景象，更慘的是還得經過一大片沙漠。隨行人員個個心中害怕，百般不願意但還是繼續走下去，因爲不知此去是否回得了家，於是一個個慢慢的溜了。我看到的第二個畫面，就只剩下孤零零的一頂轎子，停放在一大片沙漠上。妳就這樣活活的餓死了。」

「因爲在過去世中妳是餓死的，所以就把死亡前那種餓肚子的深刻感受直接帶到這一世，這是屬於一種死亡前的心結，所以在這一世中，妳才會感覺到腸胃不太舒服，這不是妳的錯，也應該不是妳的身體出了毛病，而是妳放不下當時餓死的痛苦感覺，才會直接帶過來這一世。」

「這個解釋我聽得懂，可是在這一世中，有兩件事情困擾我很久，醫生也沒有辦法爲我解決，除非你能幫我找到原因，否則，我還是無法走出憂鬱症的陰影。」過癮！我就是喜歡接受挑戰！二十多雙眼睛就這樣盯著我，等著我的答案。

「好！我試試看，希望能幫上妳的忙！」

「第一個問題是，爲什麼我總覺得有被人遺棄的感覺，那是一種沒有根、又找不到方向的感覺。」

「姊姊妳怎麼這麼說呢？全家人都很愛妳、都很關心妳。」左前方的那一位小姐轉過頭來心急地說，原來她的妹妹也來了。

「我知道你們都對我很好、很愛我，但我就是有那種被遺棄的感覺。」

「妳想想，一群人在沙漠中前進，吃飯時妳還是得出來和大家一起吃，可是看到的卻是隨行人員一天天的減少，妳心裡會有什麼感覺呢？難道妳不會覺得害怕嗎？害怕大家都離妳遠去。那就是爲什麼妳會覺得有被別人遺棄的感覺。」

「再加上後來眞的被衆人遺棄在沙漠中，想想，一個人坐在轎子內，一望無垠的沙漠中妳身處何處呢？妳找得到方向嗎？那絕對是一種無根的感覺，最後還活活的餓死了。所以死亡前那種被遺棄、無根、沒有方向，以及挨餓煎熬的感覺，就會更加的強烈了。」

「好！我可以接受這個答案，但是還有第二個問題，如果妳不能爲我找到答案，那我還是一樣走不出來。第二個問題是，爲什麼每天到了黃昏的時候，我就會有哭的衝動，一直想要哭。」

「有誰知道答案嗎？想一想剛剛我所講的和番故事，大家動動腦。」

「因爲她被遺棄了。」「因爲沙漠很荒涼。」「因爲……。」

「你們都沒有說到重點，想想，她說的是每天一到黃昏的時候就會想要哭，什麼時候不哭，偏偏黃昏的時候才會有這種感覺，爲什麼呢？」

「妳是要到西域去和番，必須經過大片沙漠，白天沙漠的氣溫很熱不宜上路，所以應該是等到太陽西下時才開始上路。一旦開始啓程，離家就越來越遠，同行的隨扈卻越來越少，妳會不緊張、不難過嗎？如果換成是我，我也一定會哭的。妳了解我說的嗎？」

「我了解了。」

「我只能告訴妳過去世的因果故事，告訴妳患憂鬱症的可能原因，至於妳有沒有辦法走出自己的心結，只能靠妳自己，我無法幫妳任何的忙。」

「我可以走得出來！」

「妳確定走得出來嗎？」

「我確定！」

謝謝這位勇敢的大女生，因爲她的「我確定」，讓我肯定自己的「通靈服務」值得再繼續走下去。

「妹妹，請問妳姊姊是不是家裡動作最優雅的人？」

「豈只是我家人，所有認識我們的親朋好友，一致公認我姊姊是氣質最好、動作最優雅的人。」

「有誰能夠告訴我爲什麼呢？」

「因爲她是公主！」大家一起答。

＊常常做同樣的夢

「不知道爲什麼，我常常會做同樣的一個夢，我夢到自己走在一大片墳墓堆上，我拚命的找，可是不知道自己在找些什麼。」一位女生問。

「通常如果常做著同樣的一個夢，那麼有可能就是過去世的心結，帶到這一世裡來。也就是說，過去世發生了某一件事，而那件事情影響深遠造成相當大的心結，如果再加上時間的因素，譬如說，經過很長一段時間這個心結一直存在，那麼就有可能非常清晰的記錄在你自己的黑盒子（或潛意識）裡。就算經過轉世，在這一世的睡眠中、打坐中或催眠中，都有可能再度被喚起，其實說穿了，是自己進到了自己的黑盒子裡，看到了過往的紀錄片。那沒有什麼大不了的，很多人都有這樣的經驗，只是不知道原理何在。我看到的是那一世你一直找不到你爸爸的墳墓。」

「對！有一次在睡夢中，我就說我要找爸爸的墳墓，結果就找到了。」

「你爸爸不是死了嗎？你不知道你爸爸葬在哪裡嗎？」朋友問她。

「雖然這一世我爸爸也死了，可是我當然知道他的墳墓在哪裡。」

＊綁架

「我做同樣的一個夢已經做了七、八年，每次都被夢中的畫面給嚇醒，我夢到自己被三、四個男人抓住，然後被丟到砂石車的攪拌器裡，最後變成一堆血水出來。」

她一邊講的時候，我也插嘴問：「有沒有溺水的感覺？」我問了兩次，她都沒有聽到。

「我看到的是妳被三、四個人綁架，這幾個人從妳的後面，用力把妳壓到水盆裡，讓妳嘗到溺水窒息的感覺，他們只是想嚇嚇妳。」

「怪不得我每次洗臉時都不敢閉上眼睛，總是很害怕會出什麼事。」

「接著他們拿刀割妳的手腕，讓血流到水盆裡，變成血水嚇嚇妳，又告訴妳如果妳家人再不拿錢來贖妳，就要殺妳，讓妳流血至死。就這樣一天又一天，妳大概被綁架了二十多天，等到警察來救妳時，妳早已虛脫了，雖然沒死，但卻從此喪失了記憶。」

「難怪我洗臉時，總覺得後面有人，我都好害怕。」

「因爲妳後來喪失記憶，所以那一世的記憶，幾乎就停頓在被綁架的那一段時間，這有點類似死亡前的心結，所以必須靠妳自己走出來，我們都幫不了妳。」

「可是爲什麼會是砂石車呢？」

「妳想想，如果要綁架人的話，通常會把人藏到哪裡呢？藏到荒山野外比較多吧！那個地方多半是多土的地方……」至於這一段內容，我就可以自己編故事了。

原諒別人也許不很容易，但是要忘記痛苦的記憶卻更難！別人無法幫自己忙的，只有靠自己。當學會原諒別人時，自然就會想開一點；當想開一點時，心情自然就會好一點；心情好一點時，那麼就盡可能讓自己的腦袋瓜裝些美好的人事物吧！腦有多美，心就有多美，身處的地方一定是片樂土。

＊吞不下藥

今天是九十一年十一月二十七日星期三，希望這位來參加座談會的朋友能夠看到這一篇文章，這是一場在晚間七點到十點舉辦的座談會，來參加的人大部分是未婚的女生。

第一個問題她是這樣問的：「我想知道婚姻。」

「我看到竹籬笆，是那種把竹子一端削成尖尖的，然後並排插在地上做成的籬笆。籬笆上端是一個一個的半弧形，也就是說先把竹子一端削尖尖，然後一根根並排插在地上，上端彎成半弧形的模樣。我看到一個男孩在竹籬笆外，籬笆很高，他是先搬一個東西墊在腳下，例如：搬一個石頭，然後再爬到石頭上去，將頭伸出籬笆上。」我還做出男孩把頭伸在籬笆上的樣子。

「也就是說，他的脖子是卡在尖尖的竹子上。他是你們同村的一個男孩子，很喜歡妳，可是妳家人並不喜歡他，妳也不太喜歡他，可是偏偏他很喜歡妳，一天到晚來找妳。籬笆內是花園，妳正在整理花園，他突然冒出個頭，叫妳的名字，妳害怕家人聽到會出來罵，於是作勢要他走開，可是他不聽，妳又作勢要打他，他也不理。於是一氣之下，妳順手拿起一盆水，朝他潑過去。」

「但這一潑出了問題。想想，如果有人朝你潑水過來，直覺的第一個反應就是閃躲，一樣的，男孩子順勢閃躲了一下，只不過他忘了身在何處。結果，腳下墊的東西倒了，他自己也遭殃了，他的脖子就這樣插在尖尖的竹籬笆上。」

「他有沒有死呢？」她的反應可眞快。

「還好，沒死，因爲他趕忙用雙手攀住竹籬笆，讓傷害降到最低。可是他會受傷畢竟跟妳有點關係，所以還是有一點惡因發生了，妳覺得很難過，也願意照顧他。」

「我一定會嫁給這個人嗎？」

「既然老天爺讓我看到這個畫面，那麼基本上應該是跑不掉的，也就是說，在妳的命盤裡，百分之六十注定的那一部分，應該就是他來當妳先生。」

「那麼以後可能會發生什麼問題呢？」

「有一個可能，妳先生的喉嚨可能會不舒服，妳必須常常陪他去看醫生，妳要有心理準備。」

「只有這樣嗎？」

「應該是這樣，因爲是他自己要來找妳的，那是個意外。」

「那就還好。」

第二個問題她是這樣問的：「我想知道我身體的問題。」

「妳有沒有去看過醫生呢？」如果對方說「沒有」，我的答案一定是：「你先去看醫生再說，不要這麼迷信，爲什麼要被我的話誤導了病情呢？」

「就是因爲看了很多醫生找不出原因，所以才來問妳的。」

看了一下，「沒有啊！我並沒有看到妳有什麼因果病啊！」

「可是我眞的有點不舒服啊！」

再看一下，很簡單的畫面。

「妳怕不怕下雨或打雷呢？」

「下雨我不怕，但是我很怕打雷。」

「那可能就是這個原因了。我看到的是類似電影中一片大草原中只有一座房子的畫面，一個婦人從屋內走出來，走到外頭鋪有木板的走廊上，她向遠方望去。因爲外頭打雷了，而且也快要下雨的樣子，她的先生卻在離家很遠的農地上耕作。偏偏這地區最近又發生過農夫被雷打死的案例，所以妳很擔心先生是否能夠平安歸來，妳就這樣站在走廊上看啊看的，直到先生安全進入家門爲止。大概就是這個心結，讓妳在這一世裡比較容易擔心事情，其他的我就眞的沒有看到了，我想這應該是心結的問題吧。」

「可是妳知道嗎？我根本就沒有辦法吞藥。」

「那有什麼稀奇呢？我的小妹也不會吞藥。」我還回頭向在櫃台邊的大妹問了一下，她點頭認同我的話。她說：「她大一點的藥都不會吞嘛。」

「可是我連最小的藥丸都沒辦法吞，只要是一顆顆的藥，我都必須先弄碎了才有辦法吃，連醫生們都找不出原因。」

「妳有沒有試過餵狗或餵貓吃藥的方法呢？就是從嘴巴兩旁……」我一邊做動作，一邊說明，後面的朋友也點頭贊同我的作法。

「我都試過了，就是沒有效。」

「其實也沒什麼關係，像我妹妹連痰都咳不出來。可是奇怪了，祂們眞的沒有給我其他的訊息，所以我還是認爲可能是過去世裡，妳擔心先生會出事的心結所造成的。」基本上如果祂們不給答案，我壓根兒就是白癡一個，所以奉勸各位不要以爲我多厲害，也不要把我捧上天，更不要把我神格化了。我不迷信，也不會把祂們給我的訊息加油又添醋的亂說一通。這個問題就這麼結束，我也沒有辦法，只好用「心結」兩個字來自圓其說。

回家之後，我並沒有把這檔事放在心上，我一向是下了場就幾乎忘掉剛剛座談會裡的故事，除非是很特別的，值得我細細深思其中的奧秘。只是洗完澡後，突然閃過一個念頭——啊！這個女孩第一個問題裡的因果故事，不就是有關喉嚨的問題嗎？她只是在潛意識裡認爲自己有錯，認爲自己害了那個男孩子，如果換成是各位，當你在現場看到竹子戳進喉嚨的畫面，你會不會覺得自己的喉嚨也怪怪的呢？

我想我應該沒有記錯這兩個問題是同一個女孩問的，如果不是同一個人問的，那麼這篇文章就屬多餘了。可是我又不知如何找人來印證，因爲我從來不留下問事人的任何資料。

如果這兩個問題是同一個女孩問的，那麼爲什麼我會在回家之後才閃過那個念頭呢？我當然知道——如果我爲人服務時，我算錯、說錯了，祂們都會指正我的，只是祂們只會「點一下」而已，其他的，對不起！祂們從不多說，因爲祂們希望我能夠「腦力激盪」，自己理出邏輯觀念，統計出大概的因果模式。懂嗎？祂們對我很嚴格，要我自己動腦想問題，而不是一味的照單全收。關於這一點，各位不妨看看〈母語〉那一篇。

＊車禍的心結

某先生問女友的身體狀況，但是女友本人並沒有來到現場。我反問他爲什麼要問，他說：「因爲有算命的說我女朋友明年可能會有車關，要特別注意。」

在某一世裡，有個人被馬車從後面追撞而撞傷了左腿的膝蓋，變成了左邊跛腳，因此在那一世的餘生裡他只好右手拄著拐杖走路。然而駕馬車的人卻渾然不知自己已經闖下了大禍而繼續往前開走（他並不是故意逃逸）。

「因爲過去世的這一個傷害，害得你的女朋友在這一世裡走在路上潛意識裡會比較沒有安全感，所以我建議她不要到靠左邊開車的國家居住。這並不是一般所謂的欠債還債的因果，也不是什麼因果病，而是因爲當時是從後面被追撞，沒有一點點的心理防備，又因爲車禍而變成了跛腳，一輩子都必須拄著拐杖很辛苦的走路。偏偏又不知道到底是誰害了她，因此那一個眞相無解的車禍對她那一世裡的心靈傷害非常大，轉世之後就變成了一種很嚴重的潛意識害怕心結。這個情形就好像我們常說的——『如果不怕還沒事，越怕反而越容易出事。』因此我想那位算命的應該是沒有說錯。」

「陳老師，妳說的車禍是已經發生過了，還是還沒有發生呢？」

「你說的是什麼意思，我聽不懂。」

「我的意思是說，妳說那位算命的說的沒錯，也就是表示說我女朋友會有車關，那麼這個車關到底已經發生了沒有呢？」

「我還是沒有聽懂你的意思。」

「喔！是這樣的，我女朋友在去年已經發生了一次很大的車禍，剛好就是被撞到左腳，左膝蓋上下總共縫了四、五十針，我只是想明白你們所指的車關是不是就是這一次，如果是這一次，那麼就表示這個車關已經發生過了。」

「對不起！我並沒有說你女朋友就只有一次車關，我的重點是說她在這一世裡只要在街上行走就比較沒有安全感，因爲有可能會因爲過去世車禍的心結不解而一再的容易出事，所以我才會建議你，請你告訴她盡量不要住在靠左邊行走的國家，例如英國、日本等等。」

「我女朋友住在印尼，印尼是個靠左行走的國家，她就是在印尼發生車禍的。」

我在想，是否有些憂鬱症或躁鬱症等精神方面有問題的患者，是因爲過去世裡的某些潛意識心結無法獲得解答，情緒無法獲得紓解宣洩，而導致這一世裡異常的情緒反應。我在想，不知我們是否可以從因果的角度來幫這些人一點點的忙呢？

＊強暴案

那是一場下午的座談會，起先我以爲他在閉目養神，所以也就沒有多看他一眼。他隔壁的一位小姐問道：「我想知道我的身體。」

看到的畫面是一個女孩彎著腰，抱著肚子在嘔吐的樣子，可是卻什麼也吐不出來。她的動作很大，一副很痛苦的表情。

「妳好像很會打嗝的樣子。」

「對！我眞的很會打嗝！」

「對不起！我說的不是這一世的情形，我看到的是過去世的情形！」

「在某一世裡妳是一個流浪女，總共被四個男人強暴過。第一次被強暴時，雖然妳想呼救卻叫不出來，因爲妳是啞巴。沒想到懷孕了，初期時就只是不停的打嗝、乾嘔，問題是妳根本就不知道怎麼一回事，直到落血流產了，才有了一點概念。倒楣的是妳被四個人強暴，結果四次都中獎懷孕，更慘的是四次都流產。所以每一次當妳要開始打嗝時，就非常緊張，心中知道可能又會有什麼事要發生了。」

這時，我腦袋瓜中出現了一個訊息，那一世裡第一個強暴她的男人，就是她這一世裡的老公。

「妳先生有沒有來？」

「就是這一位。」她拍了一下隔壁緊閉著眼睛的男士。

「你怎麼了呢？」

「沒什麼！我只是眼睛睜不開而已！」

「這四個欠妳的人，在過去幾世裡都已經把債還完了，妳只是在轉世的過程中，把那一世裡非常強烈的痛苦經驗帶到了這一世而已。這是一種心結，我希望妳聽了這個故事之後，妳自己能夠想辦法把心結打開，因爲只有妳才能幫得了妳自己，外人都無法幫妳。」天知道！我怎麼好意思在這麼多人面前，讓這一位看起來非常溫文儒雅的男士下不了台呢？瞧了他一眼，他還是緊閉著雙眼。

「你還好吧！有辦法把眼睛睜開嗎？」

「沒有辦法！不過沒有關係的！」雖然他這麼說，可是我知道問題出在哪裡。唉！老天爺未免也太狠了點。和祂們比較起來，我慈悲多了！

「看你這個樣子，我不得不說清楚。其實在那一世裡，第一個強暴妳太太的人就是你。」

「在那一世裡，你也是流浪漢，有一天，喝醉了酒，倒在這一個流浪女的旁邊，一覺醒來，連你自己都不知道剛剛到底發生了什麼事。我本來不想講，可是看你沒有辦法張開眼睛，我不得不說清楚。雖然在那一世裡，你不是故意的，可是在因果上，不管怎麼說，你畢竟欺負了你這一世裡的太太，而且這還是個很重的惡因。我剛剛說了假話，其實你是被判定在這一世裡，必須親自來還你太太這一筆因果債的。」

剛剛我只是不忍心看到他在衆人面前出醜，想把老天爺的訊息掩蓋掉一點點，可是在這個案例中，各位讀者知道，我是多麼的不能「有所選擇或自由發揮」。原來做個老天爺的即席翻譯機器，就是要「原封不動」的「照單全收」，然後再「原封不動」的「照單出貨」。

「我問妳，你們有沒有小孩？」

「沒有！」女方回答。

「既然沒有，妳可以考慮離婚，因爲妳是債權人，有權利提出分手的要求。」

「我不要！因爲在這一世裡，我先生對我非常好，我不想離開他！」

「他當然會對妳很好，因爲是他欠妳，而他又是那麼有心想要還妳這一筆債。既然妳不想離婚，那麼妳自己就要和先生一起合作，想辦法走出過去世的陰影。」

至於後來他的眼睛怎麼處理呢？很簡單！我用熱水加冷水（一般所謂的陰陽水）再加一點點鹽巴、糖和白醋，讓他喝下，再請坐在他後面的來賓，在他的頭部拍打三下，就這樣，不到一分鐘，他就張開了雙眼。

座談會結束之後，這位年輕的太太把我拉到一旁：「我現在終於知道，爲什麼自從我答應先生的求婚之後，就不停的打嗝。」

一個星期後，夫妻兩人又出現在另一場座談會中。

「我想問我們什麼時候有孩子？」

「妳現在幾歲呢？」

「三十五歲。」

「那麼兩年後，三十七歲時再生比較好，因爲妳的心結還在，我擔心這段時間懷孕的話，可能小孩子會出問題，而且也容易造成流產，所以站在我的立場，我很不贊成妳這個時候懷孕。」

「可是我已經懷孕了。」

「妳上次來時，告訴我說你們沒有小孩的。」

「上次來這裡回去之後的第二天，我才發現懷孕了。」

「雖然妳已經懷孕了，但是我還是不敢說妳的孩子是正常的。」

「醫生也叫我拿掉。」

「爲什麼呢？」相信讀者和我一樣，一頭霧水。

「醫生說我長期吃憂鬱症的藥，對胎兒很不好，所以建議我們拿掉胎兒。」

「雖然墮胎會損害一個生命，但是醫生是站在專業的立場說這種話，如果因爲這樣而拿掉小孩，醫生和妳都不需要背這個因果。既然醫生這麼說，如果妳再問我一次，我的答案也和醫生一樣。」

其實這時候，在場的其他人一定聽得一頭霧水，因爲她是第一個發問的，沒頭沒尾，別人也不知道她上次來時，到底問了什麼事。於是我徵求她先生的同意，因爲這是「活生生」的例子，如果他首肯的話，那眞的會造福很多人，只是我一定要先尊重他。

「你同意我把你們的因果故事說出來，讓大家有個啓示嗎？」

「可以！」一個非常有心還債的人，我很欣賞也很喜歡這種人。

於是我把夫妻倆過去世的因果故事簡單的描述了一下。對了！在這場座談會開始時，我先把「死亡後的第一個選擇」做了說明（欠債還債，學會原諒別人的重要性；有恩報恩，了解爲何要施恩不求報的原因）。這時候做太太的也開口了，「這麼說來，在那一世裡我不夠慈悲也沒有智慧，原來我根本沒有原諒那些強暴我的人，而且還有心報復才來轉世。是不是就是因爲這樣，所以這一世裡，我才會認識我先生並且嫁給他。」

「對！」她終於想通了，眞好！我多花了幾分鐘的說明，證明是非常值得的。我常這麼以爲——不求多，如果一場座談會中，只要我能夠打開一個人的心結，或者改正一個人錯誤的觀念，就非常值得了。只要有一個人聽得懂！我就會快樂一整天！

「有時候我太太脾氣不好，我會對她說，我已經對妳這麼好了，如果妳還不滿意，就算是我前輩子欠妳的，如果還沒還夠，下輩子我一定會再繼續還妳！」他是很有心在還債，只是債權人能不能給他一點機會呢？

「他這麼有心還債，妳也應該要學會原諒別人，兩人都有心的話，還有什麼事好擔心的呢？至於生孩子的事，也絕對不會有問題的。」

＊劊子手

有一位太太打電話告訴我，她覺得她先生怪怪的，不知道是不是因爲他們還沒有小孩的緣故。我問了她幾個問題：「妳先生是不是常常在睡夢中突然驚醒，全身冒冷汗呢？他是不是常常有莫名的恐懼？他是不是很喜歡小孩，但又很怕妳懷孕，很矛盾的心態？」待這位太太回答「是」之後，我清了清喉嚨說：「妳先不要怕，要有一點心理準備，我想想看到底要不要告訴妳這個因果，不過我還是說好了。」

我說過祂們既然讓我看，我就一定得說出口，同樣的也就表示祂們相信對方一定承受得了。

「在某一世裡，妳先生是個劊子手，是在刑場裡執行死刑犯處斬的工作。他的家境很窮，又沒有一技之長，只好選擇了這個工作。妳要聽清楚，那是他的工作，是奉政府的命令來為社會除害的，他自己本身並沒有做壞事。但是潛意識裡的他卻一直害怕這些犯人死後會來找他報仇，也害怕這些人投胎轉世來做他的子女，來折磨他。我要再強調一次，他一點錯都沒有，妳要慢慢開導他，讓他走出這個陰影」。

「我能不能告訴他這個因果故事呢？」

「可以，如果還有問題，可以帶他來找我，我來慢慢地和他溝通。」碰到這種特別的例子，我都好希望我有舌粲蓮花的口才，三頭六臂的功夫，幫忙他們走過這一段辛苦的路程。

＊殺手輓歌

這個故事是發生在一對一的服務中……，她的年紀大約是四十出頭，五官端正，穿著也很整齊，她未開口之前我已在紙上寫著——外表柔弱、個性堅強、愛面子、好勝心強、急於表現、愛掌控他人……。我說話了。

「妳的外表和個性完全不一樣！差得太遠了！妳想要問什麼呢？如果妳的個性真的就是我寫的這樣，那麼妳的婚姻已經出問題了。」

「我有兩個兒子，我想問我的大兒子。」
「我覺得出了問題的人應該是妳才對。」
「可是，可是他和一般的人不太一樣。」
「祂們還是說出了問題的人是妳，不是他。」
「可是他眞的和一般的人不太一樣。」
「怎麼不一樣呢？」這個女人啊！大概又要被祂們罵了。
「他現在讀高中，可是和一般正常的人不太一樣。」她還是不肯明說，我也不示弱。
「怎麼不正常法呢？」
「我兒子不愛念書，有時候，他常常到了十一、二點才回家。」
「在台北這個年紀的孩子也常如此啊！很正常，沒什麼特別啊！也許是因爲妳住在比較偏遠的地區，所以才會少見多怪。祂們給我的訊息是，如果妳想要改變妳兒子，就必須先從先生著手。」
「可是我先生自己也常常去打電動玩具，整晚不回家。」
「一個星期去幾次呢？他都是禮拜幾去打的呢？」不知道爲什麼祂們要追根究柢，反正我只是個翻譯者而已，我也是一樣在等著看故事的發展。

「我先生大部分都是星期五晚上或是星期六晚上去打，然後就打通宵。」

「這也很正常啊！連續假嘛！我不知道妳到底想要說什麼？想要知道什麼？從妳的話裡，我可以知道妳眞的是很喜歡掌控別人，這個年紀的小孩，有幾個肯乖乖的讓大人掌控呢？妳不能要求別人變成妳所希望的那一種人。」

「可是總不能說孩子這個樣子，我就隨他去，統統不管他吧！那以後怎麼辦呢？」

「當然不是統統不管，該說的時候，還是得說，祂們給我的訊息還是一樣，妳還是得從妳先生下手才有辦法改變妳兒子。」

「可是我只要數說我兒子或我先生其中一個時，他們就會給我臉色看，而且很會罵我、瞪我，有時候不高興起來時，還會到處亂摔東西。」

「是啊！我一開始的時候，不就已經跟妳說了嗎？妳的婚姻已經出了問題。根據我的經驗，一般的女人如果有了類似像妳這樣子的個性，通常婚姻多多少少都會出問題的。好！我調因果看看！」

扯了老半天，也不知前因後果就先罵人，對我來說，這的確是需要有相當大的勇氣。就憑著「信任祂們」，接收到什麼就翻譯出什麼，這是我對「通靈」的一貫原則，所以上門來找我的人，還眞的是要和我一樣——一樣需要有相當大的勇氣。

畫面——在一個森林裡，陽光亮麗，一個一身穿著黑衣的男子，向左揮刀殺了一個人，畫面向右一轉，又殺了另一個較年輕的男子。畫面往前拉近了些，黑衣男子扯下了臉上的面罩，向躺在地上奄奄一息的年輕男子露出了邪惡的笑容。喔！我知道了！可是我該怎麼說才好呢？這個故事說起來挺傷人的。

「妳先生和妳大兒子在某一世裡是一對父子的關係，兩個人都有少許的武功基礎，而妳是一個男人，一個只認錢辦事的職業殺手。在那一世裡，你收了錢之後去執行你的任務，先殺了這一對父子中的父親，一刀畢命，再回頭殺兒子。花錢雇你的人的確是和這一對父子有深仇大恨，可是你卻和這對父子扯不上半點關係，也沒有任何的糾葛，純粹只是個拿錢辦事的第三者，錯就錯在這裡了。」

「妳懂我說的因果故事嗎？那個兒子在臨死之前看到了殺手的眞面目，所以在這一世裡，只要他一見到妳，就會莫名其妙的滿腔憤怒，尤其是這個時候，正是當年他被殺死的年紀，所以情況一定會更嚴重。我勸妳少穿紅色的衣服，因爲他臨死之前的畫面是停留在父親流血斷氣和你的廬山眞面目上。」

「怪不得，我穿紅色衣服的時候，他的脾氣就會特別壞，甚至於還曾經把整支電風扇拿起來向我砸過來。原來我和他們並沒有眞正的因果關係，就只因爲我是一個拿錢辦事的職業殺手而造成了這一世如此悲慘的命運。」這位媽媽掉淚了，整個聲音也緩和了許多。

「因爲妳先生和兒子在過去世和這一世裡都是父子的關係，所以如果妳想改變彼此的關係，一定要從先生著手起。」

「陳太太，妳知道嗎？我先生非常疼愛我的大兒子，他們兩個常常一起拿我出氣，可是我先生在外面的風評非常好，他是學法律的，不但溫文有禮，又很會照顧別人，說出去沒有人會相信我的話。」她又哭了。

「沒辦法，他們是一對被妳殺害的父子同時來轉世的啊！」

「不過我必須提醒妳一件事，在過去世裡，妳的小兒子和妳的因果關係是一對恩愛的夫妻來轉世的，妳是丈夫，而妳的兒子是太太。丈夫非常照顧太太，但是太太的懷孕過程卻老是非常痛苦，最後也是因爲難產而死掉的，因此在這一世裡，妳的小兒子有可能常常會有腹痛的情形發生，這一點妳要特別注意。」

「對啊！我小兒子從小就老是有莫名其妙的腹痛發生，可是看了好多醫生，怎麼查也查不出來到底是什麼原因。」

「不過，這並不是他的錯，在轉世的過程中能夠存有過去世裡的某些記憶，一來有可能是特殊的因果關係，二來也有可能是這個記憶的印象實在是太深刻了（例如自殺的後遺症），第三個原因則因爲他是修行不錯的人來轉世的。妳的小兒子是屬於第三種的，他心疼妳自己一個人在這一世裡可能會撐不下去，因此主動向老天爺申請同時來轉世以便就近陪伴妳。所以他是這一輩子支撐妳活下去的最大力量，妳不能讓他失望，如果妳選擇做傻事來結束妳自己的生命，那麼我可以告訴妳，妳這個小兒子大概也活不久了。」

「這是眞的，我小兒子對我非常貼心，很清楚地就可以感覺得到我和他是一組，先生和大兒子是一組。」

＊另一種慈悲

一位女士問她的姻緣。

「是天生注定沒有婚姻的。」我這麼回答著。

「奇怪?什麼叫做天生注定沒有婚姻呢?我從來就沒有說過這樣子的話，好奇怪!我來查查看到底是什麼樣的因果。」對著一屋子的人，我自問自答著。沒辦法，很多時候我比在座的各位更好奇，因爲我不迷信，我想追根究柢。

畫面是——一艘航行中的渡船，船的左側有一隻鱷魚。我腦袋瓜中的故事是：某一世，她是個男人，從事渡船船夫的工作。有一天他滿載著一船的人，正開往另一頭的目的地，突然船的左手邊出現了一隻大鱷魚，船夫爲了怕鱷魚傷到人，於是拿起船槳朝鱷魚打過去，沒想到卻因爲重心不穩，反而害得整條船翻覆，船上的人一個個被鱷魚給咬死了。船夫本身是個會游泳的人，所以他反而成了最後一個被鱷魚咬死的人。仔細想想，這個故事裡的船夫有錯嗎?跟她這一世的姻緣又能夠扯上什麼關係呢?

「妳是不是常常會害怕失去家人呢?」我問。

「對!我很害怕失去家人，連做夢的時候也不知道爲什麼都常常會夢到失去家人。」她的眼眶紅了。印證了特殊的個性之後，我才告訴她我所看到的畫面和相關的因果故事。怎麼一回事呢?原來從船夫看到了鱷魚開始，就擔心船上的人會出問題，沒想到船眞的翻了，他又眼睜睜的看到同船的人一個個被鱷魚咬死，最後連自己也逃不過。

「如果妳這一世結婚了，那妳的先生和小孩絕對會很可憐的，因爲妳可能會一天到晚擔心失去他們而把他們顧得很緊、保護得很好。問題是這個時代的小孩，個個講究自由民主，一個個都說只要我喜歡有什麼不可以，有幾個願意讓父母盯得死死的，如果你潛意識裡害怕失去家人的心態不能調適過來，那麼我可以向妳保證，妳的先生或是妳的小孩一定會離家出走的。老天爺就是擔心妳可能會連續兩世都失去周遭的親朋好友，所以才會想辦法讓妳在這一世裡暫時不要有婚姻，祂們是希望妳在這一世裡慢慢的調適自己，讓自己走出過去世的陰影。」

「妳不是沒有姻緣，也許妳的心態調整過來了之後，老天爺也放心了，那時候姻緣自然會出現，而且那時候的姻緣也絕對是很好的，所以不用害怕，就開開心心的去結婚。」

「那我知道了，我要學會對生死不要那樣的執著。」

共業

＊夫妻的共業

某女士問夫妻兩人之間的因果。

某一世，兩人同爲某一布店裡的員工，一個愛用一般的直剪刀，一個愛用有鋸齒狀的曲剪刀。兩人常爲了要用什麼樣的剪刀剪布而在客人面前大起爭執，結果把客人給氣光了，店也倒了。兩個員工在被老闆大罵之後，互相持剪刀刺傷了對方。在這一世裡，先動手刺傷人的員工轉世爲女人做妻子，另一個員工則轉世爲男人做丈夫。

這一世裡實際的狀況又是如何呢？這對夫妻當著一屋子的人告訴我，他們夫妻兩人同在一家公司上班，爲同一個老闆做事。每次丈夫想辭職不幹時，妻子偏偏就不想走；妻子想離開時，丈夫卻又不想走了。就這樣一直沒有共識，結果夫妻兩人已共同爲這個老闆工作了十多年，也爲他賺進了許多錢。

類似這種的例子很多，在某一世裡，幾個人也許因爲同一事件而共同欠某一人或欠某幾個人時，老天爺常常會在另外一世裡，設法將這幾個人安排在一起，共同來償還這筆債務。公平嗎？合理嗎？各位讀者您以爲呢？

＊梅珍的故事

某先生——問事業，想自己開餐廳。

「可以，你的事業命不錯，可以自己創業，不過最好能夠等到三十七歲以後，而且手藝要學精一點對你才會更有幫助。因爲你走的是人脈的路線，一旦開店之後，只要好吃，就會客人帶客人，一個傳一個，一一上門來，生意自然會好。而且你的事業還可以傳給下一代經營。拜託！你要好好做。」我很擔心他不會珍惜自己的好命。

某小姐——坐在前面這位先生的旁邊，也是問事業。

「妳結婚了沒有？因爲妳有幫夫運，而且是屬於那種可以跟在先生旁邊幫他一起做的幫夫命，所以妳最好找一個會開店的先生。」

旁邊一群年輕的朋友笑了起來，原來這兩人就是男女朋友。

「奇怪了，這麼好的命怎麼會發生在你們身上呢？通常未婚的來找我問事，總是被我罵的比較多，可是你們的事業命眞的很不錯。來！我主動來調調看因果，我們大家一起來研究看看，到底是什麼樣的前世因果讓他們能夠如此。」我對著參加座談會的二十多人說著。我實在是有夠雞婆，不過還是那一句話——沒辦法！我的好奇心很強，對因果輪迴轉世的過去、現在與未來，我總想找出些可以遵循的脈絡。

「奇怪了，我看到的是一個電影的海報畫面，那個背景好像是在逃難的樣子，你們記不記得好像是那個金素梅主演的一個逃難片，叫什麼珍的。」

「對啦！是梅珍，沒有錯，是金素梅主演的。」兩、三個人搶著回答。

「電影我沒有看過，所以我不淸楚，不過，我看過那張海報。」我說。

「陳老師，是『梅珍』沒有錯，因爲我昨天晚上才看的，昨天第四台有播出。」

說話的正是這位女主角，整間屋子裡聽到她這一句話的人都叫了起來。

「好可怕！怎麼會這麼巧！妳昨天晚上才剛剛看過，這部片子已經好久了，妳早不看晚不看，偏偏昨天才剛好看到。好玄！」說話的人正是我自己。這是常常發生的事，很多時候，連我自己都會覺得很可怕，到底是祂們怎麼了？還是我怎麼了？

故事是這樣的：某一世裡，這兩位男女朋友就是一對夫妻，剛結婚沒多久卻碰到了戰爭，一大群人開始逃難。年輕的先生和妻子利用扁擔和簍子挑了必要的家當也跟著大夥兒一起往安全的方向逃，一路上兩人就這樣的輪流挑著所有的家當。後來，他們發現逃難的人群當中有很多幼小的孩子們實在是走不動了，於是兩人決定把家當再重新整理一番，不必要的就丟掉，必要的就打包好由妻子一個人背著，空下來的簍子就拿來讓走不動的小孩子們坐，由先生用扁擔挑著走。就這樣，在逃難的路途中，他們挑了好多的小朋友走過了最難捱的關卡。

「各位！憑著這一番的善心善行，就絕對值得老天爺特別眷顧他們兩人，對不對？」

＊惡意殺生

來的是一對夫婦。

「陳太太，妳看我的身體。」先生問道。

「我看身體的本事很差，我比較專門的是看因果。我試著看看好了。」

畫面——看到一個人偏左邊的頭部，一支箭由左上斜斜的往右下穿進左耳上方的部位，視線是從人頭的左後方往前看。

「你的左耳有沒有問題？還是會覺得不舒服呢？」

「沒有啊！我的耳朵很好！」

「那你的頭部有沒有覺得不舒服呢？」

「也沒有啊！」

我再閉眼看了一下，還是一樣的畫面。

「奇怪了，我看到的還是一樣的畫面，我看到的是……。」腦筋一轉，靈光一現。

「會不會是因爲那支箭斜斜地射進去，傷到了你的後腦，而壓到了腦神經或者是中樞神經，例如影響到了脊椎的神經。因爲我並沒有看到箭頭穿出頭部。」

「那要怎麼辨呢？」妻子問道。光憑這一句話，就讓我有了信心，這是我的專業反應，也許這就是心理學的領域。

「基本上我會建議妳先生吃素。」

「他已經是吃全素了。」

「能不能告訴我你的狀況是怎麼一回事。」

「醫生說……，其實，他們好像也找不出眞正的原因，我根本就沒有辦法坐，因爲一坐下來，整個下半身就會好痛好痛，從剛剛坐到現在已經是我坐得最久的一次了。」

「對不起！我不知道，請你趕快站起來，用你覺得最舒服的方式就好了。」夫妻兩人就這樣站著聽，直到座談會結束。

「陳太太，那爲什麼我要跟著我先生一起受罪呢？」問得好。

又有新畫面出現了——有兩個人在打獵，一隻豬往前直衝，牠的左右兩側各有一個人騎著馬，拉滿弓，正對準著這條逃命的豬，準備射擊。我的視線是從豬的正後上方斜斜的往下看。

「我現在看到的是……，那兩個獵人是一對父子，父親在左邊，兒子在右邊，妳先生就是那一世裡的兒子，妳就是那一世裡的父親。」

「照妳這麼一說，應該是那一隻豬和我先生才會有因果的關係，怎麼會是我和我先生一起來承擔這個因果呢？」我很欣賞這一位女士的作風與想法，因爲唯有仔細動動腦，才不會變成迷信，才不會被有心的人所欺騙。

「因爲，在那一世裡，妳是一個很有錢又很喜歡打獵的大戶人家，但因爲工作的關係，無法常常外出去打獵，於是買了一大塊的土地，又央人抓來了一大堆野生動物，放養在這塊土地上，一有空閒，父子兩人就在自家的土地上打獵。首先，我們可以這麼解釋，把打獵當成一種娛樂，基本上就是殺生的行爲。再來，你又爲了享受打獵的樂趣，把野生的動物捉來放到你的土地上讓你射擊，這一點，再怎麼說都是過分了點。然而，爲了追殺那一隻野豬，父親射出的箭，一個閃失，剛好就射進了兒子的左耳上方。所以，如果畫面是對的，那麼這的確是個因果病，可能的話，我建議妳也能夠吃素，因爲那眞的是『惡意殺生』所引起的因果病。」

「我們夫妻兩人都已經吃全素了。請問還有沒有其他補救的方法？」

老天爺是教了他們補救的方法，但是有沒有效，我根本就沒有任何把握，我說過，我只是個翻譯的機器。不過，我相信就算他們不照著我的話去做，也一樣會慢慢好的，因爲這一對夫妻是一對「有心人」，一對有心改過的人，老天爺不是沒有長眼睛的。加油！也祝福他們！

面對死亡

華航大園空難發生後，我對祂們說：「我們到殯儀館去看看，看看我們能為那些死去的人做些什麼。」

我出生在一個大家族裡，只要家族裡有人過世，那麼分散在各處的親戚都會全部趕回來，不管是入殮還是出殯，總是全員到齊，一大堆人忙裡忙外的。從小孩子的眼光看來，那實在是一件大事，一點也不會感到悲淒，反而覺得好熱鬧。老人家快斷氣之前，趕快將他從醫院接回家，擦淨身體，換好衣服……，然後就眼睜睜地等著看他嚥下最後一口氣。接著做法事，看好時辰準備入殮……，直到將他送上山入土，回來之後，還要忙著和其他旁系的家族一起祭拜祖先，最後還得圍成一個大圈圈燒庫錢，燒紙糊的紙紮屋。在火光熊熊中，我才會覺得把他老人家送上天了。所以從來我就不會畏懼死亡，總以為病了、老了就要回去報到，死的時候也一定會有一大堆的親人在旁邊目送著我離開這人世間。

又怎會知道，居然會是這樣子的場景。有點像個人形而又還沒有被家屬指認的，就把他（她）安置在一個一尺寬六尺長的薄木板箱裡，木板箱一個挨一個地排在走廊下；無法辨認的大小屍塊，就把它們一一編號，放在一個很大的厚塑膠袋裡，擺在一根柱子旁邊。那些被安放在木箱裡的屍體，一個個是燒得又焦又黑，連衣服都根本無法辨認，服務人員只是在上面蓋了幾張報紙以便家屬翻開指認。好心的慈濟義工則是穿梭在殯儀館內，幫忙罹難的家屬處理善後的問題。

知道嗎？第一眼的感覺是——「人死後，就像是堆垃圾！」不是嗎？難道不是這樣子的嗎？什麼尊嚴、頭銜、外表……都已不存在了。躺在那兒，什麼也不是。對不起，對於死者，我沒有一點點的不敬，就是因爲心疼這些罹難者，我才會自己一個人搭車來到了殯儀館。我懇求神佛菩薩，盡祂們所能幫忙這群罹難者安心地往生，也許祂們什麼忙也幫不上，但起碼我盡力了。

民國六十九年的時候，我參加了三十六天的歐洲旅遊觀光團，七十一年又參加了二十五天的美加團。這兩趟下來，我才發覺世界是這麼的大，尤其是在美國的大峽谷，望著那大自然的奇景，我只有一個感覺——「人，有什麼好爭的！」人是這麼的渺小，這麼的微不足道，和大自然比起來，我們算什麼。從此我對人對事的看法都有了很大的轉變，對自己也有了不同的期許，對於死亡也有了另一番的見解。

我讓自己盡量去學習「盡心盡力的做每一件事情」，只因爲我發覺在我手上的時間居然是那麼的有限。也許這種觀念會讓我自己過得很緊張，很辛苦。但我願意。我也告訴孩子們，日子不是用來混的，既然出生爲人，日子絕對是用來學習的。從小我就一直告訴孩子們生死的問題，當別的家長看到路邊有靈堂時，絕大部分總是會說：「趕快把頭轉過去，不要看！」我卻剛好相反，我會說：「你們看，那邊有人死掉了，告訴他（她），阿彌陀佛，好好走！我們請菩薩替他（她）帶路。」我不准孩子們說出任何一句對死者不禮貌的話。

曾經有一陣子，砂石車橫行，撞死了好多人。看電視新聞時，我特別要孩子們注意車禍，注意火災的消息，我說：「你們看看他的家人哭得那麼傷心，他們怎麼會知道他的家人就這樣一去不回了呢？死的那個人自己也絕對沒有想到，一出了家門就從此再也回不了家。再看看火災好了，他們又怎麼會知道出門的時候，還是好好的一個家，等到回來的時候卻已經變成一團黑了。」我要他們淸淸楚楚地知道：

●生死真的是很無常的，有些事情絕對不是自己可以掌控的，有些時候真的是很無奈，因為對整個宇宙來說，人，實在是太渺小了。

●當分手的時候，不要帶著怨恨，不要說狠話，也許這一轉身，就永遠沒有說聲對不起的機會，變成了終生都無法彌補的愧疚。

●必須訓練自己隨時能夠面對死亡，也就是說在任何時候當死亡找上門的那一剎那，都能夠心安理得，不害怕進天堂，更不害怕下地獄，至於有沒有遺憾，那一點都不重要了。

●學會活在當下，珍惜目前所擁有的，尊重自己也尊重別人，隨時存著感恩、惜福、惜緣的心，將心比心地對待別人，看待事情。

●訓練自己，打點自己生活上的一切事物。除了自己的部分，共有的「家」也必須學會分攤責任，還要擴展到學校，到社會，到周遭所有的人。千萬不要藏私，只要自己能力做得到的話，就一定要盡量去幫助別人。

我交代孩子，當我死後，如果器官還有用的話就捐贈（我比較擔心的是我的體質與一般人不同，說不定反而會因此而傷害了別人）；不然的話，火化之後，就往大海一倒，或往敦煌沙漠一倒就可以了。想想平日我們吃魚、吃肉，我們砍樹……，死後回饋海底的生物，回饋大地，又何妨呢？這不也是因果循環的最忠實表現嗎？有一次，我與三個孩子坐計程車外出，車上剛好播出車禍的消息，一時心血來潮，我又提起了萬一我死了該怎麼處理的事。

老大說：「媽媽，我們早就知道該怎麼處理了，可是，妳實在是很奇怪，妳又怎麼知道妳一定會比我們早死呢？」啊？言之有理！又沒有這個規定，規定早生的就一定得早走。我可真的是服了她的問題。

「說的也是！我怎麼就沒有想到也許是你們比我早走呢，好吧！那麼我倒是要聽聽看，如果是你們比我早走了，那我應該要如何處理你們的後事呢？」於是你一言我一語地，四個人在計程車裡高談闊論。

紅燈亮了，車停了，司機回過頭來，很嚴肅地對我說：

「太太！妳怎麼會跟這麼小的孩子討論這種問題呢？」

「先生，難道你不會死嗎？」我只淡淡地回他一句。

老二接著問道：「媽媽，骨灰往大海一倒，那麼到了清明節的時候，我們要到哪裡去掃墓呢？我們又該怎麼祭拜妳呢？」各位，怎麼樣，小孩子確實比大人可愛多了。我告訴他們，反正台灣四面環海，每個地方都可能有我的存在，清明節時就到海邊郊遊，對著大海想一想媽媽就行了，平常的時候，想媽媽就看看照片，再不行的話，用心念和媽媽溝通就好了。

「可是妳收得到我們對妳說的話嗎？」

「大概可以吧！」

「就算媽媽收不到，菩薩也一定收得到，我們就拜託菩薩把話轉告給媽媽不就行了嘛！」兒子插嘴道。這一招，高招！

臨死之前的那一剎那又是怎麼一回事呢？我倒有一個經驗（那時我已會通靈了）。祖父死的前一天，他說希望看看這些孫子、曾孫子們。那時候，就像往常一樣，他好得很，不過也因爲那天恰巧是星期日，所以嫁出去的大大小小全都回家讓他瞧一瞧。第二天一早，爸爸餵他老人家吃早餐，吃到一半，有點噎到，祖父突然說：「我的眼睛怎麼越來越看不清楚？一直黑了起來呢？」就這麼簡單而已，又哪會知道從此他就再也起不來了。

爸爸趕忙將他背下樓送到醫院急救，當我到達醫院的時候，已經將近十一點了，他老人家已被送入加護病房。坐在加護病房外等候的我才剛閉上眼，就看到他的靈魂飄在離病床上約一公尺半的高度，一樣是橫躺著的姿勢。三姑姑問我的看法，我說：「在我的立場來說，是應該走了，可是只要是呼吸器繼續帶著，他就還算是活著，問題是誰有權利，誰敢把呼吸器拔掉。」請教醫生的結果，也是同樣的答案。

最後是爸爸做了決定（因爲他是長子），子時一到，帶著呼吸器用救護車把他接了回來，家族們能趕到的都到了，但是我及妹妹們的孩子都還小，於是就把六個小孩集中在我家，由我負責照顧，其他的大人全都回去幫忙。孩子們全都睡了，我自己一個人靠著牆壁坐著，怎麼可能睡得著呢？想到阿公他老人家對所有的子孫都那麼好，想到他留給我們最受用的一句話——「賜子千金，不如教子一藝」……。

恍惚中，突然一聲「憨孫」貫入耳，哇！我整個人崩潰了！那明明就是他，就是他老人家取笑我們這些孫子們的開場白。頓時，我放聲大哭，一邊大哭一邊拚命用雙手捶打著牆壁。我非常清楚地知道，他老人家一定是發現現場少了長孫女，特地「飛」來向我說再見，並且笑我這麼樣的看不開。之後，查證了一下，那個時間正好是拿掉了呼吸器，他老人家離世的時間，享壽八十八歲。

記得那是八十七年的六月，祂們突然告訴我兩、三個月後就要把我帶走。平日我很瀟灑，但是知道的時候倒也眞的是被祂們給嚇壞了，才猛然警悟到自己實在是很差勁，一顆戀世的心從來就不曾放下過。與好友談起此事，她教我一定要寫遺書，交代清楚手邊財物的分配以及其他的注意事項。我開始忙著訓練孩子們生活上的獨立，卻又什麼也不敢告訴先生、告訴孩子。

那兩、三個月，如今想起來……，也沒什麼了，只記得到了九月初孩子們開學的時候，每晚闔眼時，我都會對祂們說：「我準備好了！」第二天醒來，我高興我又撿到了一天，想想還有什麼可以準備的……，等到晚上睡覺前又一樣的告訴祂們……，日復一日。

那時候，正好有一部叫做「接觸未來」的電影，女星茱蒂‧佛斯特主演的，我連看了四次。每次總是淚流滿面，尤其片中有一段她進入時空運輸器，準備發射時所說的…"I am ready！"對我而言，簡直是心如刀割。雖然我已經不再害怕死亡，但是想到自己即將要踏上回家的路，那種感覺就像女主角一樣，對著一個像是熟悉，其實又很陌生的時空，只有期待只有興奮，可是卻又沒有人可以陪伴。同時也想到如果繼續待在人世間，我所要面臨的也像女主角一樣，沒有幾個人會站在自己這一邊的。

後來我買了錄影帶，一再地重看三個鏡頭：她一個人孤孤單單地在峽谷中接收到訊息的那一剎那，要升空前的心理歷程，還有最後她對著評審團所講的那一段話。

隔沒多久，祂們說話了，告訴我：「生死關」通過了。老天爺！居然是個魔考！整整考了我兩、三個月。

祂們說我以後是「客死異鄉」，大概會活到六十八歲，我要相信嗎？相信又怎麼樣？不相信又怎麼樣？日子一樣是要過的。先生說：「那妳的意外險最好要保多一點。」我呢，也只好積極地動一動腦筋，想想看，要「客死」在那一鄉比較好呢？我的外語能力又差，那有什麼資格在異鄉過活，除非是台灣海峽的另一邊。問題是那個地方算是「異鄉」嗎？別自尋煩惱了！

對我來說，我的將來「似乎」操縱在祂們的手上，這不是一般人能夠體會得到的，我沒有權利也沒有辦法像各位一樣，可以編織自己的夢想，規劃自己的未來，不得已，我只好強迫自己學著去把握住現在。雖然說是六十八歲，但有過一次經驗的我，已經不再受騙，隨時都已做好回去的準備。

*牽手

未婚的男士問：「我爸爸已經死了兩三年，最近我媽媽常常夢到他，不知道他是否想要告訴我們一些什麼事？」

畫面——兩隻握在一起的手，只看到手掌和手掌以上約十公分的部分。

「你媽媽眞是好命，你爸爸和你媽媽的感情眞好。」

「沒錯，我爸爸、媽媽的感情眞的非常好，尤其是我爸爸對我媽媽更是沒話說，我媽媽這一輩子從來就沒有曬過衣服，都是我爸爸在幫她曬衣服，她也從來沒有自己一個人去買菜，每一次，都是我爸爸陪著她一起去買菜，幫她提菜籃。」

「你爸爸擔心的就只是他死了，你媽媽怎麼辦呢？她有沒有辦法獨立、自立、能不能活得很好呢？我想你媽媽一定是一直關在家裡，走不出去，所以你爸爸才會煩惱，才會來託夢，出了問題的是你媽媽，而不是你爸爸。」

「我一直叫她要出去走走，可是她都不出去，我也實在是沒有辦法。平常我上班的時候，白天她就一直看電視，看些運動節目，等到我下班回家之後，她就有話題和我聊了，因爲她知道我喜歡看運動節目。問題是假日的時候，我又得去學校上課，沒有辦法陪她到處走走，她也不會想要自己出去走走或是逛逛，我也只能夠趁著周末晚上帶她出去吃館子。」

知道了嗎？兩隻握在一起的手——牽手。再想一想，爲什麼要讓死去的人死不瞑目呢？

這些先走一步的人，他們的要求很簡單——無後顧之憂而已，難道你、我做不到嗎？雖然我們無法幫他們的忙，但是我們可以讓他們不用再煩心。

*八十九年十二月四日，晚間的電視新聞播出有關於殯葬業的行情，如超渡三萬元，法事兩萬五千元，孝女白琴……，還在讀國二的小女兒看到了，直呼：「一個人死了，還要花這麼多的錢，好浪費！如果把遺體燒一燒，骨灰就撒在土裡當肥料，不是很好嗎？除了做環保之外，又可以讓植物長得更好。」我一聽，趕忙把我的稿子翻到〈面對死亡〉這一篇，讓她看一看。她又有意見了，以下是母女兩人的對話。

「媽媽，妳說要把骨灰丟到大海，那樣子還得先到海邊去才可以，我覺得太麻煩了！」

「那麼，照二阿姨說的，把骨灰倒在馬桶裡就好了，反正最後一定會流到大海裡去的。」

「我是很想把骨灰倒在馬桶裡，可是又怕馬桶不通，會被堵塞住。」

「怎麼可能呢？馬桶怎麼可能會被堵塞住。」

「我怕會被結石或者是舍利子給卡住了。」

如果有下一世

有沒有下一世呢？也許有，也許沒有。如果有的話，又會是在哪裡呢？在天堂？在地獄？在人世間……。如果是在人世間，又會轉世「變成」什麼呢？是人？是狗？是蚊子？是海豚……還是一棵樹？一朵花？一朵「曇花一現」的曇花呢？

一般人，包括我在內，常常犯了一個毛病，這個毛病如果不加以深思其實也沒有什麼不對，但是如果輪迴轉世是存在的話，那麼這個毛病就非得要「正視」不可了。因爲問題實在是非比尋常，讓我們不得不好好的想一想。也許您看了這一篇之後，會大大的改變您的人生態度也說不定。期盼您能靜下心來好好的想一下這個題目——「如果有下一世」，想好了之後，再回過頭來省思一下目前您的生活態度，是否需要稍微調整一下呢？

在安寧病房照顧媽媽的時候，我發現到一般人習以爲常，也認爲應該是如此才對的一件事，什麼事呢？「你要多念南無阿彌陀佛，不停的念，那麼就可以轉移注意力，也就比較不會感覺到肉體的痛了。而且阿彌陀佛、觀世音菩薩也會聞聲來接你到西方極樂世界的。你要對菩薩有信心，跟著阿彌陀佛放心的走，不害怕。記得！一定要多念南無阿彌陀佛、觀世音菩薩！」其他的宗教派別又是如何呢？是否也是大同小異呢？

但是，臨終前一心一意誦念佛號的病人，當他們死了之後，一定就可以到天上報到的嗎？如果說有西方極樂世界的話，那麼也相對的應該會有地獄吧！為什麼不勸人多念「南無地藏王菩薩」呢？因為如果有本事「上」到天堂的話，那還有什麼好怕的呢？萬一「下」到了地獄，那才是眞正需要找救兵的時候吧！如果您以為念阿彌陀佛、念觀世音菩薩就上得了極樂世界的話，這也未免太天眞了吧！沒有宗教信仰的人又該怎麼辦呢？不要以為祂們這麼好講話的！舉個例，如果您不是符合相關的規定條件，您有辦法合法的申請到美國的移民嗎？

癌症末期的病人在肉體上應該是會很痛（對不起，因為我沒有經驗，所以我不想用「眞的」是會很痛）。就以我媽媽來說好了，止痛藥不斷的增加劑量，只要時間一到，忘了給止痛藥，那麼……。旁觀者卻以為很容易就可以止痛——「你只要一心不亂的念南無阿彌陀佛，就可以轉移痛苦，就不會感覺到痛了。」有一個很簡單的證明方式，絕大部分的女人都可以體會得到，想想，當妳在生產「陣痛」的時候，誦念佛號就不會痛了嗎？

我個人以爲爲什麼要這樣「騙別人」呢？天堂、地獄眞的存在嗎？就算存在，當您滿心歡喜的期待著去極樂世界時，如果偏偏事與願違呢？馬上就「被決定」來轉世、或者馬上就「被關到」十八層地獄，那種打擊會有多大呢？

難怪世間人，不管是哪一國、哪一人種，都會有那麼多的人有著同樣的一種個性，那就是——「無法敞開心胸的去相信每一個人」。不要以爲是因爲長大了，受到了環境的影響，回過頭來想想，想想剛出生不久的小嬰兒，就已經會「怕生」了。爲什麼會這樣呢？人跟人之間，難道就眞的無法彼此誠實相向，彼此信賴嗎？原來，原來這也有可能是「天生」的個性，也許在上一世，甚至於在更多的過去世裡，我們就一再的被宗教、被別人給騙了。其實早就被騙怕了！只是我們實在是太健忘而已！

我還是用舉例的好了，如果有人告訴你：「不管你是那一國人，不管你的條件如何，只要你每天不停的誦念著『美國』，念到一心不亂，就一定可以移民到美國。」你會相信嗎？如果你相信，那麼就不用看這一篇文章。如果你不相信，那麼也許你會問我：「那怎麼辦呢？臨終時，我又該給自己一個什麼樣的心態呢？」

我想，轉世爲人的機會應該是比較大吧！那麼就這麼想吧——「如果有下一世，我想做什麼呢？」也許在臨終的時候，你已來不及再爲未來世加減什麼分數，但是你絕對可以爲自己定個努力的目標。以我來說，如果有來生，我希望有機會可以當幼稚園的老師，或者孤兒院的院長，因爲我喜歡小孩，我願意爲小孩付出我的愛。不管我將轉世到那一個國家，不管我是男是女，不管我的經濟條件有多差，不管……，如果我抱著夢想而闔上了雙眼，我想我會感覺到很溫馨的，因爲我有願景，一個很實際的願景，我將不再害怕死亡。

有了死亡，就有重生的機會；有了重生，就有圓夢的機會。到了下一世的時候，我的潛意識裡，也許自然就會有一股說不出來的推動力，督促著我向自己的目標而努力前進。也許我不見得可以圓夢，但是我相信我的生命一定有重心，一定不會渾渾噩噩的過日子。

這種異類的想法，您以爲呢？我想，應該有人可以接受吧！

記得年輕時候，那一段一天到晚相親的日子，我常常很「豪氣」、很「瀟灑」的對別人說：「做生意的我不嫁，因爲生意人爾虞我詐的日子，我絕對不會習慣；做醫生的我也不嫁，先生賺那麼多錢有什麼用，又沒有時間給老婆小孩，日子不需要有那麼多錢還是可以過得很有品質的。」

我知道，我想要追求的是什麼，我也知道，我想走的又是什麼樣的一條路。話雖如此，但是卻也往往因爲自己這種比較「不合乎人之常情」的堅持，爲自己也爲家人，帶來了不少的麻煩，甚至於遭受到羞辱。

我不喜歡用「外表」來衡量一個人，所謂「外表」包括了權勢、財富、性別、社會地位、學歷、美貌等等。我的這種個性也是從小就如此，但是經過通靈的因果故事經驗之後，我深深的體會到，這些「外表因素」的後遺症，卻嚴重的影響到轉世的結果。我慶幸自己天生擁有這種個性，否則這個時候，要我再來改一改「江山易改，本性難移」的個性時，那實在是挺累、挺費神的。

如果您在這一世裡擁有大筆的財富，您敢肯定下一世您還有這種命嗎？如果您在這一世裡站在人前，有權有勢，下一世呢？這一世你又帥她又美，下一世呢？這一世在這個重男輕女的時代，您是男性，下一世呢……很可怕吧！下一世居然是個如此神秘的「未知數」，未知到我們根本就無法偷窺到一點點的線索。怎麼辦呢？如果有下一世的話，如果您又轉世投胎爲「人」的話，只有一個是定數——「人」，其他的統統都是未定數。就算通靈人事先告知你未來世的秘密，那一定準嗎？只不過是又多了一個未知數罷了！

這是個常見的畫面：有錢的人處處炫耀他們的財富，講話的口氣裡總是用財富在壓人；有權有勢的大人物對人頤指氣使的，惟恐別人不知他的身分地位；男人拿女人的身體開玩笑，處處擺出大男人主義的那一套；有美滿家庭的人，取笑別人的破碎環境或婚姻；會念書有學歷的人，瞧不起那些讀不出個所以然的人；貌美的人，看也不看一眼那些「天生」長得較醜的人；有顯赫家世的人，看不慣沒有背景的人；開雙B的，瞧不起別人的銅罐車；穿名牌的，看不起別人的地攤貨……。

下次如果您再有機會被這樣子的人修理、傷害的話，不要緊！想遠一點！如果有下一世，當這一些人不再擁有這些令他們引以為傲的「本錢」時，相信他們的日子一定會非常、非常鬱卒的，因為他們一定水土不服，適應不良。聽過一句成語嗎？「由儉入奢易，由奢返儉難」，只要把「儉」和「奢」兩個字稍微改變一下就可以了。這一世您所擁有的一切，並不代表到了下一世您還是能幸運擁有。

所以在受到修理、傷害的時候，不用難過、不用心酸、更不能有報復的舉動。說不難過、不心酸是假的，如何轉移這種力量才是上策，再說如果採取報復的行為，相信到了最後，您自己也一定會吃大虧的，何苦來這一招呢？

練習看看，一次又一次的被修理、傷害之後，看看自己是否變得更高竿了。怎麼個高竿法呢？心存感激，「以他們爲戒」。對了！就是「以他們爲戒」！想一想，就是因爲有這一些人活生生的存在我們的日子當中，所以，他們很生動的所作所爲才可以更清楚的作爲我們的借鏡，讓自己時時心存警惕——「有朝一日，如果我也擁有了那些所謂『本錢』的時候，絕對不允許自己像他們一樣」。

我的意思是希望您對曾經傷害過您的人，心存感激而不是心存詛咒，我可不希望您在心裡頭暗自詛咒著：「好啊！你繼續取笑我好了，我倒要看看下一次你轉世的時候，如果變醜了、如果是個窮光蛋、如果不會念書、如果……我再看看你的日子要怎麼過下去！」

「萬般帶不去，只有業隨身」，這是指死亡的時候，當再來投胎轉世的時候何嘗不是如此呢？所有的財富、權勢、美貌、性別等等，都是跟著「業」而有所變動的，曾經我們引以爲傲的本錢，一個個都變成了未知數。當您這一世用那一種態度待人處事時，也許，到了下一世，別人也用同樣的態度來對待您。您低得下頭嗎？彎得下身段嗎？您可以適應得了嗎？

寫到這裡，如果您就是剛剛我所舉例的那一種人，我想，您一定會對我的說法嗤之以鼻。這種人什麼都不怕，就只害怕失去他們引以爲傲的「本錢」。所以雖然他們口頭上不以爲然，但是內心裡絕對比任何人都還要來得緊張，一天到晚七上八下的，就怕失去了他們的本錢。其實再說近一點的，搞不好不用等到下一世轉世爲人，在這一世裡，就有「現世報」在等著他們呢。

所以，一定要學會「尊重每個人的存在」，每一個人的投胎轉世，一定有它的存在價值。天生我才必有用！只要您肯學習、您肯服務，不用害怕死亡，更不用害怕「如果有下一世」。

問：是不是過去世有修的人，這一世轉世都會變成是有錢人的子女呢？

答：首先，你得告訴我，有錢的人一定都是很快樂的嗎？你想想，有錢人的子女如果有一番成就，吃醋的人會說：「有什麼了不起，要不是他有那種背景，我就不相信他能夠有成功的一天，還不是靠他的後台在撐腰！不過是銜著金湯匙長大而已！」

如果有錢人的子女失敗了，幸災樂禍的大有人在：「看吧！有錢有什麼了不起！不但不能夠替祖先守住家業，那麼多的錢給他做後盾，沒本事，還不是統統被他給敗光了，敗家子一個！」再來，有錢的人一定都會做好事？都會做善事嗎？

這個答案就比較簡單了。如果出生的時候，家境非常富裕，後來家道中落，這是怎麼一回事呢？有的則是剛好相反，出生的時候，家境非常清寒，後來才逐漸好轉，那麼又該如何解釋呢？千萬不要這麼輕率就做出這種定論。

我舉個大家都很清楚、也很明白、也很簡單的例子，供大家做參考，請各位暫時不要帶有任何的意識形態，也不要急著和我爭辯彼此的政治立場，靜下心來好好想一想，也許你會發現很多時候，我們實在是很盲從，常常存在著雙重的標準而不自知，腦袋瓜似乎生鏽得厲害。以下，我舉個大家最熟悉也最愛談論的例子。請就事論事！

連戰出生在一個很有錢的人家吧！陳水扁出生在一個三級貧戶的人家吧！是連戰還是阿扁自己選擇轉世在這樣的家庭出生嗎？想一想，出生在富貴人家有什麼好得意？出生在貧窮人家又有什麼錯誤？再想一想，出生在富貴人家有什麼錯誤？出生在貧窮人家又有什麼好得意？請問您能大大方方告訴別人您的出生背景嗎？您有難言之隱嗎？如果您出生在一個犯罪的家庭裡，您希望別人怎麼看待您呢？重點是——「千萬不要拿一個人的出生背景去評斷這一個人的未來。」

常常有人告訴我們說要好好的修行，爲了什麼呢？爲了往生極樂世界，爲了下一世能夠出生在一個好一點的家庭裡。可是，一旦有人出生在好一點的家庭裡，我們卻又看不起他、看不慣他。這說得通嗎？絕大部分的父母，「如果有可能的話」，總是希望能夠留給子女財富，「如果有可能的話」，也總是希望能夠留越多越好，爲了達到這個心願，做父母的就這樣任勞任怨地努力工作著……。可是，一旦有人有這個福氣繼承了父母的一大筆財產，我們卻又拿這個大做文章。這說得通嗎？結論是──「請問，您願意成爲三級貧戶嗎？如果您不願意的話，您的子孫是很難會有揚眉吐氣的一天。」

問：如果我下一世想轉世成爲歐洲人，我該怎麼做呢？

答：當然了，首先你必須先爭取到「有權利選擇出生國家」的資格，我想這種資格的條件不難，如果你有資格「上天堂」，那麼也許就有資格選擇出生的國家了。

另外，你總得事先學習當地的一切吧！就像住在台灣的女孩要嫁給瑞士人，並且結婚之後要到瑞士定居，如果在台灣的時候，她多多少少能夠學會說當地的語言、習慣吃西餐、學會當地人美化環境的需求、學會……，我想一旦她搬到瑞士，就比較能夠提早適應當地的生活了。當然了，嫁過去再學也可以，但是事前多做一些準備，不是更好嗎？爲什麼非要事到臨頭了才抱佛腳呢？

轉念與放下

＊希特勒的部下

這是我到台南時，爲一位讀者所調得的因果故事，光看這個標題，相信大家一定是一頭霧水，沒關係！請當作是在看小說一般地看下去，這個因果故事還滿耐人尋味的。

她是一位四十歲左右的婦人，氣質很好，在碰面之前，我只知道她很聰明，曾經在一家非常有名的會計師事務所上班。她問道：「請問我和我先生還有我婆婆之間有什麼因果呢？」我在爲人調因果故事時，通常就只需要回答這麼簡單的一句話，不需要太多的形容。通靈對我來說，的確是一個相當大的挑戰，相對的也唯有透過別人身上發生的因果故事，我才可以知道，在我們生存的這個時空中，以及不知「藏在何處」的不同時空中，是否眞的有所謂因果輪迴轉世，在冥冥之中左右著我們的命運。

我的畫面再簡單不過了，一個像是橫寫的阿拉伯數字「∞」。各位不妨想一想，就這麼一個圖形「∞」，祂們到底想要在我的腦袋瓜中輸入什麼樣的資料，我才能夠編出一個可以得到印證的因果故事呢？我一再的強調，也許是因爲「黑盒子」和「超級電腦」的理論基礎，所以我知道爲什麼我可以看得到畫面，但是我就是不知道爲什麼我會解釋畫面的含意。就是因爲不知道爲什麼，所以我才會對自己感到好奇，也才想到和各位分享我的經驗。

「妳和妳婆婆的關係有點像是雙胞胎，但是並不是眞正的雙胞胎，而是很好的一對朋友，在過去世裡兩個都是女的，有點像是一般所謂的手帕之交。」

「問題是有一個男的出現了，於是變成兩個女的搶一個男的。事情是這樣的，這個男的本來是和妳婆婆交往，兩人相處得非常好，而且也論及婚嫁，後來妳也喜歡上這個男的，於是著手設計讓這個男士和他的女友（這一世的婆婆）因爲誤會而分手，不知情的男士於是轉過頭來和妳交往，並且和妳結了婚。這樣妳聽懂了嗎？」

「這個男的就是妳這一世裡的先生，也就是說，本來妳先生和妳婆婆在過去世是一對非常要好的戀人，卻被妳從中破壞。在那一世裡，一直到結婚之後，妳先生才知道原來是自己的太太破壞了他和前一位女友的戀情，於是對那個因誤會而分手的前女友感到非常抱歉，而夫妻兩人之間的感情也因此而大打折扣，先生也就常常晚歸。至於那個被誤會的女孩子，在那一世裡一直都不知道加害她的人，居然是自己最要好的閨中密友。」

「所以在這一世裡，會有一個可能，那就是妳先生可能會有外遇，但是話又說回來，因爲在那一世裡他所愛的對象是妳婆婆，而且他也覺得虧欠她太多，所以也可能會有另一種情形發生，那就是只要妳和妳婆婆之間有任何問題，我可以跟妳保證，輸的人一定是妳，妳先生一定會站在妳婆婆那一邊的，總之不管怎麼樣，妳完全處於下風就是了。告訴妳，這種例子我們看過太多了。」

各位，我的功力如何呢？也只不過是一個簡簡單單的圖形「∞」，我卻說了一大串的因果故事。我眞的不知道爲什麼我可以收得到訊息，也可以翻譯出故事。

「我了解了，多年來的困惑解決了。謝謝妳！陳太太！妳知道嗎？我先生在這一世裡並沒有外遇，對我也很好，只是只要一牽涉到婆婆的問題，我就全盤皆輸。我先生已經死了，他死了沒幾天，就託夢給我，說他有一件大事要我代他處理，結果在他死後不到一個月的時間，我婆婆也跟著莫名其妙死了。」

「還有，在我先生死前不久，他還跟我說了一句讓我覺得很難以接受的話，他說——我覺得全世界最可憐的人，就是我媽媽。」

原來，原來這位女士的先生和婆婆在一個月內相繼死亡，先生把婆婆也帶走了。

「我能不能再請教妳一個問題，爲什麼我家裡有好多武器呢？」天啊！這是個什麼樣的問題呢？我根本就不敢多問，心裡只是納悶著到底在什麼樣的情形之下，家裡才會有好多的武器呢？

「也許吧！也許妳先生前世是個研究武器的人吧！」我順口一答。當時，我們是在台南市某條小巷的咖啡館內，下午將近三點鐘的時候，南台灣的陽光從左側的窗戶照射進來，這種感覺好舒服。只是在這個時候，我的眼前淸淸楚楚的浮現了三個字，沒什麼啦！就三個字而已：「希特勒」！

「希特勒」！很淸楚但也是一閃而過。糟糕，這三個字要怎麼解釋呢？怎麼印證才能證明對不對呢？我當然知道祂們讓我看這三個字所代表的含意，只是我要如何說明呢？眞是把我給考倒了。畫面有了，訊息也有了，這都是祂們給的資料，但是要如何印證卻得靠我自己的推理了。

「讓我想想，我要如何形容，妳才能夠聽得懂。我先問妳，妳先生的個性是不是很服從命令呢？」

「對！我覺得他在某些時候，眞的是很服從命令。」

「我指的不是一般的服從命令，我說的是像軍人在軍隊裡那樣的服從方式。」

「是啊！我了解妳的意思，我先生眞的就是這樣。他在結婚前還曾經想要去投考軍校呢！」

好了！我可以鬆口氣了！

「妳先生曾經在某一世裡是希特勒的部下，而且他的工作是專門在做武器的研發與測試。」

我告訴她我所看到的那三個字以及所代表的含意。

「怪不得！我家的書櫃裡擺了一大堆有關於希特勒的書籍，妳知道嗎？我先生到處去收集跟希特勒有關的書，連出國的時候也都是一樣拚命的找。」

「怎麼可能呢？怎麼會有這種可能呢？怎麼會那麼巧呢？」我在說這句話的時候，是用自己的左手直拉著坐在我對面這位女士擺放在咖啡桌上的右手……。

「我可不可以再請教妳一個問題呢？我很想知道我先生和我弟弟他們兩個人之間到底有什麼樣的因果關係呢？」

「我看到的畫面好像是在一個野戰醫院裡面，妳先生躺在開刀床上，一位外科醫生正在為他開刀，想要取出他左腰上的一顆子彈。喔！那個醫生就是妳弟弟。我知道了，這個故事一樣是發生在希特勒的那個時代。妳先生中彈後被送到醫院，負責開刀的好像是紅十字會組織的醫生，是個法國人，也就是妳這一世的弟弟。所以我想妳弟弟應該對法國有一種比較特殊的感情。」

「對啊！我弟弟的確是很喜歡法國！」

「這個研發武器的希特勒部下，躺在手術床上眼睜睜地看著這個法國醫生正在為自己的傷口而努力著，法國醫生根本就忘了自己手術刀下的這個人，曾經是殺人魔王的手下。這個場景讓這位武器專家看傻了眼，也讓他有了一種截然不同的感受，那就是——為什麼這些人沒有怨、沒有恨、更沒有仇呢？為什麼這些人不會互相殘殺呢？為什麼他們的心中就只有救人而不是殺人呢？這瞬間的轉念讓他覺悟了！他知道他錯得有多離譜了！」

「雖然最後這位法國醫生還是沒有辦法救活這一位武器專家，但卻救活了他的心靈，醫生在病人臨終前的那一刻，把眞正的愛心毫不保留的展現在他的面前。」

「我能請問妳一個問題嗎？請問一下妳先生在這一世裡的職業是什麼呢？」

「喔！我先生是一個非常非常有愛心的醫生！」

在這之前我只知道這位女士的弟弟是個精神科醫生。後來，我有機會和這位女士的弟弟和弟媳婦碰面，「我姊姊家裡，擺了一大堆武器的模型，我姊夫死後，有人想蒐集這些東西，他們說光是這些模型就値一百多萬。妳知道嗎？我姊夫到處去蒐集這些模型，每一種他都買兩份，爲的就是怕做不成功。」弟弟說道。

「你的意思是說你姊夫都是自己親手組裝這些模型嗎？」我問。

「沒有錯！我姊夫的手很巧，所有的武器模型全部都是他自己組裝完成的。」

「我上次去姊夫家的時候，看過他們家的書櫃，裡面眞的有好多好多有關於希特勒的書。」弟媳婦接著說。

有誰能告訴我？那到底是個什麼樣的時代背景呢？居然能夠讓這位希特勒的部下帶著這麼強烈的前世記憶來轉世。也許在過去世裡他確實是錯了，但是在臨終那一瞬間的「轉念」，卻讓他整個覺悟了。他有心改過，連這個「有心改過」的信念也強烈到影響了這一世的職業，因為他選擇了當一個有愛心的醫生而不是進軍校當軍人。雖然他只活了短短的數十寒暑，但是絕對值得，他用自己的職業來證明自己的有心改變，雖然他還是迷上了武器，但那只是興趣。

如果可能，如果有可能的話，多麼希望我也能夠像那一位法國醫生一樣，在日常的生活中、在職業的生涯裡面，能夠讓周遭的人或多或少感受到我對他們的關懷。

多麼希望這種「關愛的眼神與力量」是一種在常溫的空氣中，很容易迅速傳染開來的有益細菌。「心靈改革」絕對不是一種口號，它應該是一種力量，一種實踐的力量，只是這種改革力量的來源不是別人，而是自己。唯有每個人從自己先改革起，那麼這個社會才會有救，如果老是一天到晚在喊口號，老是等著別人來起頭來帶動，那麼所有的願景都將只是個願景，永遠沒有圓夢的一天。

＊媽媽

如果你知道親朋好友在世的日子不多了，而他的身體狀況又不是很好的話，如果他犯了一點點小錯，你忍心罵他、說他一下嗎？

我媽媽在榮總安寧病房時，就發生了一個小故事，故事雖小，但卻讓我見識到了什麼叫做智慧，讓我深刻地了解到，我們和祂們的距離有多遠。

當媽媽還在家中養病時，家人迷信吃所謂「半仙」的偏方草藥，媽媽的病情惡化得非常快速，連半仙和正牌的醫生都很訝異。草藥歸草藥，止痛藥卻一點也不能免。因爲媽媽得的是肺癌，已經蔓延到骨頭，稍一不小心，就可以聽到骨頭斷裂的聲音。

那時候我們好笨好笨，不知道媽媽的骨頭，已經被我們不小心弄斷了好幾根……。你想想，骨頭斷了，就這樣亂七八糟的插在肉裡，那是什麼樣的滋味呢？不是只斷一根，是斷了好幾根，不是一個部位，是好多個部位。不知情的我們，還一直告訴媽媽，止痛藥能免就盡量免，弟弟還罵我們給媽媽吃那麼多止痛藥……。我們哪知道她的骨頭斷得這麼離譜，肉體要承受的痛楚竟是這麼厲害。怎麼發現的呢？那是因爲有一天，我發現媽媽的左手臂腫得非常厲害，我很生氣的要求爸爸和弟弟一定要帶她上醫院……。

那段在家中照顧媽媽的日子——媽媽又高又壯，骨頭斷裂，無法站立也無法用力。想上個小號，先要有人把她從床上扶起來，讓她坐在床沿休息一下，然後再把她從腋下架起來（通常是男生），再轉個身，媽媽的後面要有一個人幫她脫褲子，另外還要有一個人趕快把尿桶椅子推過來，前面的那一個人，再慢慢的把媽媽放下來。等媽媽方便好了，架起來，一個幫媽媽擦屁股穿褲子，一個趕快把尿椅拿開，再推另一把帶有輪子的椅子過來，讓她稍坐一下，吃點東西……。整個過程通常需要三個人幫忙完成。那段期間，媽媽的六個子女和六個媳婦、女婿，還有爸爸，統統都為她擦過屁股。

媽媽就住在我的隔壁，所以我和爸爸再加上一個弟弟，三個人負責大夜班。媽媽的床頭放了按鈴，她有事就按。一個晚上我們都得起來三、四次，平均一個半鐘頭到兩個鐘頭她就得起來一次，除了上小號之外，還要吃點東西。所以二弟常常在大半夜開車出去，買些媽媽心血來潮想要吃的東西，等到東西買回來了，她往往只吃一、兩口過過癮而已。但就為了讓她高興吃個一、兩口，再冷的夜裡，弟弟還是開車出去找……。

那時候，媽媽第一，她要什麼，我們一定為她辦到。包括瞞著爸爸和弟弟，要我們三個女兒替她準備最後要穿戴的衣物。

有一夜，她實在是很痛，我們從她閉上眼睛的臉上表情就可以看得出來（可是從她發病到死亡，從來就沒有因為「痛」而掉下一滴眼淚），我在她床頭跪了下來，我「想」告訴祂們，如果媽媽的病醫不好，那麼就請把媽媽帶走好了，不要讓她老人家受這麼大的折磨。我的意念還沒有「發射」完畢，祂們就回話來了：「記住，任何一個人都沒有權利決定任何一個人的生死。」後來，在榮總的安寧病房，媽媽又多活了三個月。我所謂的小故事就發生在最後那幾天。

有一天，媽媽很怪，怪在什麼呢？我們所認識的媽媽一向對人很有禮貌，也很會站在對方的立場看待事情，肚量很大。可是這一天不知道是不是一般人所謂的「反常」（臨死前的反常現象）。媽媽突然對照顧她的護士產生了反感，她照顧媽媽三個月了，從進來安寧病房的第一天就開始照顧她老人家。媽媽說這位護士說話的聲音很粗、很大聲，說她故意在刺激她，笑她說爸爸都沒有來照顧她。

天啊！眞是有夠冤枉！爸爸這幾天是爲了媽媽的病情特地到廟裡拜拜的，媽媽自己淸楚得很，護士也知道有這麼一回事。護士有什麼錯呢？她只不過是在進病房時，很親切、很大聲的對媽媽說：「蔡爸爸還沒有來啊？」她錯了嗎？

媽媽說話的聲音很美，這一直是她引以爲傲的一件事，她常常罵我們：「女孩子說話要柔一點，不要那麼急，講那麼快做什麼呢？一個字，一個字說淸楚，不要像含著東西在說話，害別人聽不懂不是更糟糕嗎？」她不習慣講話帶有「破音」，也不喜歡講話頻率高、聲音尖，又唯恐別人聽不到的女人。總之她對我們的要求就是——女孩子講話要柔一點，不要急，有話慢慢講。

連續兩天，媽媽的情緒就只繞著這件事，大夥兒都覺得很對不起這位護士，還好她並不知情。媽媽直到這個時候，還一直維持著她的個性、她的本色——不會在外人面前數說別人的不是。可是一旦客人離開病房，她又開始發作了，很奇怪，這根本就不是她的個性。

我們請爸爸勸勸她，告訴媽媽，這位護士是最照顧她的人，再說，她的聲音不好聽也不是她的錯，畢竟那是天生的。爸爸很有耐心的說給媽媽聽，可是卻不管用。

這時候，祂們出現了，祂們要我罵罵媽媽。豈有此理！還在這個時候，要我這個做長女的出面罵生了重病的媽媽，這……除非我想遭天打雷劈！可是最後我還是說了，我一向很聽祂們的話！我收到了訊息，我知道爲什麼祂們非要我說不可。

「媽媽！妳想想看，我大女兒的聲音，是不是和這個護士的聲音很像呢？如果她被別人取笑，那麼她是不是應該回來，責怪我這做媽媽的，生了這副嗓音給她呢？那我又要責怪誰呢？我只好怪妳了！因爲是妳先生下了我，我才生下我女兒的。」

從此，媽媽沒有再提起這件事了，兩天之後，她走了。長這麼大，這是我們六個子女看到媽媽最漂亮的一次——她離世時的容貌，是那麼安詳，整個「放下」的安詳。我一邊幫她老人家擦臉一邊欣賞著她的容貌，這時候的我，嘴裡念的不是阿彌陀佛，而是：「媽媽！妳眞的好漂亮！」

整整經過一天之後，媽媽的遺體才入殮，她的身體還是軟綿綿的，幾個孫女們爭先恐後的爲阿嬤畫眉毛，塗胭紅，抹口紅……，就連才三歲的小孫子也不覺得阿嬤有什麼不一樣，還拉著阿嬤的袖子說：「阿嬤要去阿彌陀佛那裡！」

原來，老天爺讓媽媽在安寧病房裡又多活三個月的原因，就是因爲她這一科學分還沒有過關。如果媽媽最後是懷著「氣」那位護士小姐的聲音而離世的話，那麼就有一種可能，什麼可能呢？當她下一世再來轉世時，可能很不巧的，她的聲音就會和護士小姐一模一樣。這也就是爲什麼我要鼓起勇氣，數說媽媽不是的主要原因。

一家人護送著媽媽的遺體默默的離開安寧病房，當電梯門要關上的那一刹那，我們都看到了，這一位擁有世界上最甜美聲音的護士，恭敬的站在電梯門外，雙手合十，向電梯裡的媽媽深深的拜了再拜！

替代役

＊一無所長

聽過這個故事的人也許會忘記故事的內容，但是卻很難忘記它所要告訴我們的一個重點，那就是——學習的重要性。「學習的重要性」重要到連上了天堂都還用得著它。這麼重要的因果定律，我卻在通靈十年後才由別人的因果故事中學到。

「陳太太，我媽媽已經死了一年多，我可不可以問她現在過得好不好呢？」關於這方面的問題，我總是用下面的這一句話做開始：「這種問題我可以隨便編個因果故事騙騙你們，反正你們也無從去查證。」話是這麼說沒錯，可是我從來就沒有自己去編因果故事來蒙騙對方，一如任何人發問的問題，沒有例外，我很認真的去搜尋答案。

「她不在地獄，也還沒有轉世，奇怪？她在哪裡呢？喔！她在天上！可是……。」我不知如何接下去，因爲我看到了一個畫面也收到了四個字——「一無所長」。什麼啊！爲什麼給我「一無所長」這四個字呢？既然是在天堂又爲什麼一無所長呢？各位不妨動動腦猜一猜，到底發生了什麼事呢？注意！這個人是在所謂的天堂，不是在地獄。我已經知道答案了，可是要怎麼印證呢？

「請問一下，妳媽媽在世的時候，是不是一無所長呢？」

「她只是個鄉下女人，就只會照顧小孩看看家而已，當然是一無所長了。不過她的人眞的很好。」

「我當然相信她的人一定很好，否則的話，她怎麼能夠上天堂呢？」

「既然她上天堂了，我就放心了！」

「可是我要說的重點不在這裡，我想了解的是爲什麼菩薩說是一無所長呢？」

「我把我看到的畫面告訴你好了。我看到的是一個女人在一排類似教室的前面走來走去，看來看去的，這麼說好了，她是在每一間教室外面的走廊走來走去、看來看去，看看那一間教室教的課程比較適合她去上課。」

「你懂嗎?你媽媽是在觀摩，就因爲她一無所長，所以到了天上，老天爺也不知道應該要把她安排到哪裡去才比較能夠適才適所。因爲她還不夠資格可以去受訓（譬如老天爺安排她去執行某些任務前的職前訓練），所以必須先加強自己的能力，偏偏她在世的時候，又沒有什麼特別的專長。所以老天爺也就不知道該把她編到哪一班去上課，只好讓她自己在各個教室前先觀摩一陣子，再慢慢做決定。」

「我覺得好可惜！難得有機會能夠升上天堂，卻不知道該學些什麼做些什麼，還得浪費時間先去做觀摩。」

是啊！人世間又何嘗不是如此呢?最簡單的例子就是當兵了，如果你有特殊的專長，當你去當兵的時候，也許就可以被分派到需要有特殊專長的單位服務，像是畫海報、做會計、吹喇叭、藝工表演等等，而不需要和一般的大頭兵一樣，一天到晚被操練。

我的媽媽得了肺癌，很快的就擴散到全身的骨頭。有一天在前往台北榮民總醫院做電療的路上，那時二弟開車，我坐在前座，媽媽坐在右後方，另兩人是小妹和小弟媳婦。我把上述那個一無所長的因果故事說給大家聽了之後，我加上了一句話：「媽媽！如果您哪一天眞的走了，我一點也不擔心，因爲您有一技之長，您很會做蛋糕很會做菜。」就在這一剎那間，我眞的收到了訊息：「媽媽！菩薩說祂們有口福了！」

事後，小妹告訴我：「姊，妳不知道媽媽當時的表情看起來好欣慰的樣子！」

小弟媳婦也告訴我：「大姊，這個因果故事眞的很令人感到意外，但是眞的很有意義，我應該把握時間盡量多學習，不管怎麼說，多學一種本事就多了一個選擇的機會。」

我明白了，學習的重要性不是只有在人世間才用得著，甚至連天堂、或許連地獄都非常管用。因爲到了下一世轉世爲人的時候，過去世學習所累積得來的本事，就變成了這個人的「潛力、天分」；如果在還沒有轉世爲人時，不管是在天堂還是在地獄，依然是個寶。學習得來的本事就像因果業障一樣，隨身帶著，走到哪裡，帶到哪裡，根本就沒有時空的限制。各位，還記得那一篇因果故事嗎？〈轉念與放下〉中提到的「希特勒的部下」那篇嗎？記得那一位武器專家嗎？記得他在臨終時學到了什麼嗎？心靈的成長，個性的改變……那是一種更高竿的學習。

我的兒子在參加台北縣中等學校運動會之後，寫下了一篇感想，最後一段是這麼寫的：「雖然我們這次並沒有每個人都得獎，但是我還是覺得很快樂，很有成就感，因爲我有去參與，我有去努力，我有有始有終的把比賽參加到最後一刻。我覺得重要的不是在結果，結果只是鼓勵你在下次比賽更努力去突破自己的極限；重要的是在中間參與的過程，你能學到更多經驗，更多技巧，更多你下次可以改進的地方……。」

＊轉世當醫生

一對母女來問先生的事情。

「陳老師，妳看我爸爸是意外死亡？還是被別人撞到才跌倒死的呢？」

「我不了解你們說的意思。」

「我爸爸被發現的時候，已經是躺在地上了，所以也不知道到底是先被別人撞到的，還是他自己騎機車不小心摔倒的，後來送到醫院沒幾天就過世了。」

畫面——一個櫃台前，靜靜的排了一排的人，從前面算來的第三個人向左後方回頭看了一下，又轉回去。我的視線約離櫃台前五公尺，說清楚一些，就好像我站在這一排人的左後方，離櫃台五公尺，但是我的視線比他們高了大約兩公尺。就像是我站在這個人的左後上方叫了他的名字，他回頭看了一下，並沒有看到叫他的人，於是又把頭轉了回去。

「我看到的畫面是……，也就是說他就快要轉世了，已經在排隊等著轉世了。」

「怎麼這麼快就要轉世了呢？他才死了幾個月而已。」

「菩薩說，妳爸爸對人很好，可是最大的缺點是很不願意做決定，也就是說，要他做出決定很困難。奇怪，怎麼會這個樣子呢？妳爸爸這個人真的是很不願意做決定的人嗎？」

「完全沒有錯！我爸爸這一輩子從來就沒有做過一個決定。」女兒很肯定。

「啊！真的是這個樣子呀！菩薩說要他趕快來轉世，就是要讓他轉世學習做決定的，譬如說，轉世做醫生，那麼他就必須學做決定了，妳想想看，不管是哪一科，醫生一定要會做出決定的。喔！拜託！請講清楚！這個人是要轉世到……？我可不願意當他的病人，等這種醫生做出決定，我看我早就死掉了。」

「菩薩說，例如：轉世做急診室的醫生，那麼如此一來，當患者送到醫院的時候，妳爸爸就得立刻做出如何處置的決定。」

「啊！祂們說，不是說假的，祂們說，妳爸爸真的是要轉世做急診室的醫生。拜託！怎麼會這個樣子呢？」

這時候的我，心中只有一個疑問，並且很想回罵祂們——「少亂來了！醫生是那麼好當的嗎？別拿別人的生命開玩笑！」也只是一個念頭而已，我又說話了，但是這一句是不假思索就脫口而出的話。

「妳家裡有人當醫生嗎？」

「有啊！我阿公就是醫生，他一直希望我爸爸也當醫生，可是我爸爸不願意。陳太太，如果我爸爸下一世當醫生，我非常非常願意再來做他的女兒。」

各位瞧瞧，我就是不能動念，一旦我動了念頭，有了一點點的問號，祂們馬上就會有所回應，就會證明給我看。其實我比各位都還要來得好奇，我會想要追根究柢，不容許有絲毫的疑點存在，或許是天性吧，也或許是因爲我不願意被祂們隨隨便便就欺騙過去。只要是我自己認爲答案還不夠圓滿的時候，就算你們聽不出來，你們不會問，但光是想要通過我這一關，祂們就得要有萬全的準備。

各位讀者，您找到答案，找到重點了嗎？這位主角爲什麼可以轉世來當醫生呢？

如果您看得懂，你就應該在這一世認眞去學習値得學習的事物，如果可能的話，您也可以爲您的子孫提前「製造」下一世可能的工作環境。

＊專業人員

「我的一個好朋友死了，我想知道他現在過得好不好？」

「他死了多久呢？」

「去年死的，大概是一年多。」

「我看到有東西掉下來了。」

「對！他是被高壓電塔打到的。」

「爲什麼呢？」

「高壓電塔斷成三截掉了下來，他是被電死的。」

「喔！他眞的是枉死的！眞的是個意外，他的本命不該死得這麼早。沒關係！」

「祂們說他是個專業人員，所以現在在上面受訓。」

「沒有錯，他是個很專業的人員，是個很棒的高壓電塔修復人員。」

「其實他是可以馬上就直接來轉世的，可是如果直接就這麼快來轉世，那麼有可能會傷害到他，因爲從高壓電塔上意外掉下來的那段經過，在他的記憶裡留下了非常深刻的印象。老天爺說他在世的時候做人很好，所以不忍心讓他帶著過去世恐怖、無助的潛意識而來轉世。這實在是個好消息，因爲大概三到五年之內他會一直留在上面受訓，一方面忘掉意外災禍的記憶，一方面增加更多的本事。因此如果他的家人去『牽亡』的話，照理說應該是沒有辦法把他請出來的，如果能夠把他請出來的話，那麼可能是假的、騙人的。當然了，也有可能是我不對，我算錯了。」

動物轉世為人

問：有沒有動物來轉世爲人，或人轉世爲動物的呢？

人轉世爲動物的我沒有見過，因爲直到目前，除了「人」之外，還沒有其他的動物來找我算過，所以我無法回答這個問題。至於動物來轉世爲人的有很多，有狐狸、白鯨、北極熊、老鷹等等，奇怪的是，動物來轉世的人，往往會帶有該種動物的某些習性。

例如兔子來轉世的，就很膽小很愛哭，哭得眼睛紅紅的。蛇來轉世的，似乎每隔一段時間，就想要一個人遠離塵囂，靜靜獨處幾天，這些人大部分很喜歡吃蛋。孔雀來轉世的，很愛漂亮，很喜歡照鏡子。馬來轉世的，很得女生緣。牛來轉世的，往往有個牛脾氣……。

有一次我告訴一個年約四十多歲的中年婦人，說她是北極熊來轉世的，她好得意的告訴我：「陳太太妳知道嗎？我最喜歡維尼熊了，而且我也最喜歡吃鮭魚，當我到瑞士鐵力士山的時候，我好想跳下去，就讓自己一直待在那裡。」這些動物來轉世的人，都有一個共同的特性，那就是他們的思考邏輯模式，和一般的人很不一樣。

有時候我會有個很天眞的想法，如果我和研究動物習性的專業人員一起合作的話，說不定會有石破天荒的學術成就。當我發現某個人是動物來轉世的話，那麼就把他的家人請來，讓家人們談一談（不能和當事人談，因爲他們的思考邏輯模式和常人不太一樣），在日常的生活當中，這位當事人有什麼比較特別的行爲。如果能夠找出來，和該種動物的習性相類似的話，那麼再把當事人找來研究，說不定我們就可以試著從這些人的言行舉止當中，找出該種動物的思考邏輯模式。

＊捨己為鼠

她，黑黑的皮膚，瘦小的身軀，問道：「婚姻，我未婚。」

「有沒有誰和妳一起來參加座談會呢？」

「沒有。」

「這種問題問妳自己，可能比較不會準，我問妳，妳的思考邏輯模式，和一般人是不是比較不一樣呢？」

「我不知道。」

「妳會不會比較怕和人在一起，也就是說，妳比較習慣一個人獨處。」

「對！我不擅長和別人溝通，人際關係非常不好。」

「那妳是不是在黑暗的地方，會覺得比較自在一點。」

「對！」

「大家猜猜看，就憑這兩個特點，你們猜得出來，她是那一種動物來轉世的嗎？」

「老鼠！」馬上就有人猜出來了。

「對！她是一隻老鼠來轉世的！我看到的是一家餐廳廚房的角落裡，有一個小洞口，洞裡面住了好多隻老鼠，餐廳的老闆火大了，買了一個老鼠夾放在洞口。偏偏大水就要來了，老鼠們感應到了，急著想要跑出洞口往高處逃生。但洞口卻擺著老鼠夾，只剩下兩旁一點點空間，可以很勉強的小心通過。大水即將來臨，如果照這種速度，老鼠們一定沒有辦法全部逃出去，一定會死得很慘。你們猜猜看，這一隻老鼠怎麼了？」

「牠自己先送死了！」又有人猜對了。

「對！牠自己先跑，自願被老鼠夾夾住，再讓其他的老鼠從牠身上快速的逃出洞口。你們說這隻老鼠偉不偉大，夠不夠資格轉世為人呢？」

「很偉大！當然可以轉世為人，一般人未必比牠還勇敢。」有人答了。

「至於妳的婚姻，在這一世裡，妳能不能暫時不要結婚，因為婚姻是轉世為人最難修的一門功課，而妳才剛剛轉世為人，都還沒有辦法適應人的基本生活，所以，對那些第一次轉世為人的人，老天爺通常都不敢安排他們的婚姻，因為怕這些人適應不良，而受到太大的傷害。不過到了下一世，就會安排婚姻了。如果妳還是想要結婚的話，也可以，因為就算百分之六十是注定沒有婚姻，也還有百分之四十是可以改變的。既然妳才剛轉世為人，所以就算妳結婚，也不會碰到惡緣。因為這一世是因，而不是果，只要妳好好經營，還是可以從婚姻中學到許多，只不過妳要有相當的心理準備。」

「我本來就不想要結婚。」

*鳥巢

太太問是否能夠生個一男半女。

「我看到的畫面是，一個小男孩趁著母鳥外出覓食的空檔，爬到樹上把鳥巢摘下來，鳥巢裡有幾隻剛出生不久的雛鳥。小男孩把這一窩雛鳥拿到市場去賣，然而，這些離開親娘懷抱的雛鳥，沒多久就全部歸天了。妳先生就是那個小男孩，至於妳，則是那隻母鳥。所以，妳這隻失去小鳥的母鳥，親自來向小男孩要債，因此你們想要有小孩，實在是不容易。」

「我曾經懷孕過兩次，但都流產了。」

「這種要債的方式，就是我在《如來世3——因果論一》書中〈欠債還債〉那一章裡面，所提的冤冤相報報復方式。妳選擇讓這個小男孩，親自嘗嘗失去小孩或沒有小孩的那種滋味。但是，又何必呢？連妳自己也必須先帶著當時的狀況才能夠報復。我一再強調千萬不要來報復，也就是這個道理，當一個人轉世要來報復時，往往自己必須付出很大的代價。」

「我覺得妳可以去領養一個小孩。」有讀者這麼建議。

「沒有用的！他先生是個大男人主義，不是自己的孩子，他不會要。」

「對！我先生不願意領養，他說，如果要領養的話，回台灣的公共廁所就很容易可以撿到棄嬰。我今年已經四十六歲了，我怕沒有爲他傳後，所以想和他離婚，讓他去娶別人生個孩子，可是他卻不願意。」

「就算妳和先生離婚也沒有用，因爲他犯了殺生罪，就算他娶別的女人，也是生不出孩子。」

「可是爲什麼我很怕我先生講話很大聲的樣子。」

「因爲妳是隻小鳥，小鳥的聲音和一般人比起來，本來就是比較小聲，更何況小鳥看到生人也會害怕。」

座談會後她這麼說：「我上一次住的家，有一天，突然飛來了一百多隻各色各樣的小鳥，吱吱喳喳的，熱鬧了好一陣子。我們搬家的時候，都還有兩隻孔雀留在那兒呢。」她的人，長得矮矮胖胖的，可是她的聲音卻和她的人完全不一樣，講起話來輕輕柔柔的，慢慢的，聽起來好舒服。

應該注意的因果輪迴轉世重點

在日常生活中，對於因果輪迴轉世有哪些應該要特別注意的重點呢？

改變個性的重要性

從很多的因果故事中，我們可以知道過去世的「因」之所以會變成這一世的「果」，大部分都是因爲個性的因素所引起的。因果，就像平日我們的思想行爲一樣，思想影響著行爲，而思想就是我們的個性所引發出來的。

一個個性貪小便宜的人，也許他買東西的時候，就喜歡與賣方殺價或要求賣方附送一些額外的贈品，對方如果不願意降價，因而引起雙方的不滿，繼而動口罵髒話、動手打人……，也許因此就造成了未來世的一個「因」。

一個個性馬虎、凡事不求甚解甚至於迷信的人，在這一世裡未必會吃虧，但是到了未來世，他所累積的錯誤經驗，勢必無法讓他在各方面能夠盡情發揮。

一個愛情佔有慾強烈或懷疑心重的人，也許會因爲懷疑對方移情別戀，而犯下了不可原諒的錯誤行爲，因此造成了彼此生生世世的遺憾。

一個個性自大且自以爲是的人，出口就愛損人，以藉此凸顯自己的高人一等，也許在有意無意之間，用言語傷害了很多人而不自知。如果到了未來世他還是習性不改，想當然耳，怎會有人願意跟他做朋友呢？如果他知錯並且戒除不良的個性，相信人緣一定會進步不少。

不過別忘了，不管他的個性改或不改，出口傷人的「因」畢竟已經造成，這個「果」也就一定躲不掉了。關於這一點，我希望各位讀者能夠回過頭，重新看一遍〈穩贏的因果解釋〉，您就會體會到這當中的關鍵性。

隨手拈來，處處都是因爲「個性」的問題而出了問題，不妨稍微注意一下，男女兩人分手的原因，往往不就是因爲個性不合所引起的嗎？如果一個人的個性是「良好」的，那麼我們可以發現這個主人翁似乎一切都還滿順的。所以讀者不難了解「個性」這個因素，對於一個人的命運確實有相當大的影響。我們應該這麼說，命運的確是被個性所左右。既然如此，不管您知不知道您過去世的因果故事是如何，您都應該知道用什麼方法去改變您自己的命運──不妨讓自己擁有更「良好」的個性吧！例如樂觀進取、謙虛包容、樂善好施、守分盡責、有公德心等等。

在我的經驗中，一般人最常有的「不良」個性是什麼呢？「貪心」、「計較」！不管是大貪還是小貪，都會影響到現在世或未來世的命運。絕大部分的不良個性都是「貪」字所帶來的後遺症、併發症，就連計較也是因爲心有所貪而引起的。既貪心又愛計較，怎麼會有滿足、會有心安理得的時候呢？貪心，一定會造成別人的損失，業障自然就出現了；既然會貪心，那麼根本就無法「放下」，無法放下，就不用談什麼「修行」了。「不貪不取不求」六個字，很好寫也很好念，偏偏卻是最難做到的。如果您能突破貪心這一個關卡，恭喜您！天堂離您很近了！

瞻前顧後謹言愼行

往往我們只注意到行爲的重要性，卻忽略了言語傷人的嚴重性。舉個最簡單的例子來說，拿刀子殺死人才是犯罪，但是用言語刺激他人害他人自殺身亡的呢？假使自殺的人不說明自殺的原因，請問法官大人對這個用言語傷人的加害者，要如何宣判呢？在法律上也許沒有任何證據可以拘捕這個人，但是在因果理論裡，黑盒子淸淸楚楚的「全都錄」，有辦法逃得掉嗎？再舉個例，做老師的有時候用比較尖酸刻薄的話語責備學生，罵學生白癡、智障、朽木、IQ零蛋等等，當然了，這絕對無法在學生有形的身體上留下任何的傷痕，但是卻有可能讓學生一輩子生活在殘留的陰影之下，繼而自我放棄自我毀滅。所以千萬要謹言——不綺語、不兩舌、不妄語、不惡口。

愼行呢？這個不用我多做說明，相信大家都知道該如何處理，「小不忍，則亂大謀。」、「失之毫釐，差之千里。」這是常勸人小心行事的佳句。我要特別強調的是，我從因果故事中所得到的訊息，這幾個重點對未來的命運會有很大的影響，哪些重點呢？

第一、一個行爲在做之前一定要三思，想想自己也想想別人。

第二、做的時候要秉持著守時、守信、守法的基本原則，不要心存僥倖。

第三、注意所有的小細節，不要有「混」的生活態度。

第四、就算是做錯了，也一定要誠實、負責的面對結果，好好的收拾善後。一般人最常犯的錯誤，就是不守信，也就是言行不一致，還有做起事來馬馬虎虎、隨隨便便就了事。一旦做錯了，也不太願意承認，就算承認了，也不好好的收拾善後。

我最常用的例子就是駕車撞人，如果不小心駕車撞了人，不但不下車處理還加速逃逸，你以為沒有人知道嗎？可得知道什麼事都騙不過黑盒子，如果你下車處理，雖然明知會吃上官司，甚至賠上一大筆錢，但是勇於負責的態度，也許在這一世裡會讓你不好過。但是這筆債務還清了，到了未來世你就不會受到它的影響。如果這一世你不還，那麼到了未來世，本金加利息，所受的罪一定比這一世還要辛苦些，也許是用「金錢」還，也許還得再加上「精神」方面的債務，說不定在這一世裡就已經「被自己」所判「啃蝕心靈」的罪刑所折磨。何苦呢？

再舉個更詳細的例子吧！有些人喜歡騎機車從後面搶劫別人的皮包，他以為只不過是搶了別人的金錢而已，然而事實又是如何呢？被搶的這個人，也許從此疑神疑鬼，一點安全感也沒有，甚至於還得看精神科醫生、吃藥，提心吊膽的過日子。這種心頭上的無奈與痛苦，又豈是他人可以體會的呢？各位不妨想想，這種因果債要怎麼個算法？怎麼個還法呢？金錢彌補得了嗎?如果我是被害人，寧可雙手把錢捧上去送給你，我也不願意提著心吊著膽，疑神疑鬼的過一輩子。

再多舉幾個例子吧，貪小便宜、上班打混、偷工減料……，好像不貪一下、不打混、不偷工減料就是不正常。但是因爲偷工減料而產生的後遺症呢?拿九二一台北的東星大樓來說吧，多少條的人命因此而喪生，多少個家庭因此而破碎。國賠就能解決得了問題嗎?收拾善後眞的是一件大事，人死之前的「放下」，是自己對自己的收拾善後，同樣的，在您尚存一口氣時，請爲您所做的每一件事，好好的收拾善後。在因果故事中，我看到了太多太多的惡「果」，是因爲過去世沒有好好收拾善後的「因」所引起的，多到我以爲太平常了，但也實在是太嚴重了。

舉個例來說，你和朋友一起到海邊遊玩，朋友一時興起跳入海水中游泳，但卻發生了意外，他大聲求救，你因爲一時害怕又不會游泳，拔腿就跑……。結果呢?朋友溺斃了。老天爺覺得你錯了，錯在哪裡呢?你可以害怕，可以不會游泳，也可以跑，但是要去找人來救朋友，而不是就此逃掉了。在這個事件中，你沒有學會尊重生命，沒有適時的「拉人一把，助人一臂之力」，生命是很寶貴的，不管是自己的，還是別人的。因此你「應該」還會和你的朋友一起來轉世，誰欠誰呢？想也知道。

所以，只要在一開始的時候，就用負責任的態度去處理每一件事情，我想大概也沒有什麼事必須留給您「親自」善後了。我談過了改變個性的重要性，這一段所講的，就是希望各位能夠從生活中的小細節裡發現自己的個性、自己的優點、自己的缺點，然後好好的想一想，該改的就改，最重要的是一定要學會用「勇於負責任的態度」去面對自己的所想、所作、所為。

尊重生命

尊重生命是因果理論裡最重要的一個信念，不管生命多麼卑微。在這裡我們姑且不談其他的生命，只談「人」就好了，即使最貧窮的人也有做人的尊嚴。記得有句話嗎？「自愛而後人愛，自重而後人重；愛人者人恆愛之，自重者人當重之。」傷人者呢？就這麼簡單而已，換個角度假想自己就是對方好了，您希望別人怎麼對待您呢？這是一個基本的參考方法。因果論就是希望我們待人如己，會愛自己也要會愛別人、尊重別人。尊重宇宙中的萬事萬物，每一事物的發生絕非偶然，就算是偶然，也該學會如何從這偶然中，爭取學習與服務的機會。

談到尊重生命，首重尊重自己的生命，也唯有先尊重自己的生命，才會更進一步尊重別人的生命。如何尊重自己的生命呢？

第一，不要用自殺來解脫或逃避問題，第二，重視自己身體的健康，注意飲食多運動，有病就該看醫生。以上兩點是祂們給我的訊息。不要以為我在開玩笑，這是再正確不過了。生活上原本就充滿了很多的不如意，沒有必要用自殺來解決問題；再說為了活得有意義，能夠達到學習與服務的人生觀，擁有健康的身體絕對是第一要務。

目前市面上流行很多減肥的方法，說穿了就只是為了貪口慾，多吃了幾口，就得多花好幾萬元去消除多出來的幾公斤贅肉，如此的一來一往，何必多此一舉呢？少吃一口，多運動一下不就好了。

像我這個年紀，常常會有腰痠背痛的情形，一般人的說法是勸人要多休息，對我來說呢？那是一種警訊，那是我的身體在告訴我，我太久沒有運動了，只要我趕快運動個二、三十分鐘，促進血液循環，一切病痛就不見了（我想，我是個怪胎）。所以我每天盡量抽出

一、二十分鐘做些拉拉筋、擺擺腰、轉轉脖子……全身伸展一番的柔軟體操。什麼樣的動作呢?我自己想的!反正盡量讓自己的關節能夠靈活運用就是了。沒有時間也沒有地點的限制,看電視的時候可以動,開車等紅綠燈的時候也可以動,有時候趁著爲人服務的空檔,我都不忘動一動。我可不是稍微的動一動而已,我可是很認眞的在讓自己「運動」,所以我身體的柔軟度還算不錯。

如果有機會一個人獨自行走的話,我會盡量大步疾走,走得全身發熱出汗。記得以前上課、上班的時候,我有一個怪習慣,不是提早一站上下車,而是提前好幾站上下車,這麼一來我就得多走個二、三十分鐘的路程。一個人高興怎麼走就怎麼走,一樂也!我以爲自己的身體,只有靠自己來保養,沒有人能夠幫得了我,我也不想讓自己的身體太早成爲別人的負擔,這種「自我學習、自我服務」的觀念,就像自己的命運只能靠自己有心去改變一樣——完全操之在我。

至於生了病又該如何呢?千萬不要迷信,不要道聽塗說,乖乖的去掛號,看正牌醫生就是了。不管是中醫或西醫都請您找有執照的醫生看病,不要隨隨便便拿自己或別人的身體當試驗品,到處求符咒、施法、求仙丹、求偏方……而不走最明智又有保險的一條路。尤其有些「亂雞婆」的人士，自以爲是一番好心，報仙丹報偏方的，卻不知道如果誤了別人的生命，那所造成的因果是很可怕的。

回答有關身體的因果時，別的通靈人怎麼樣我是不知道，我自己雖然會通靈，卻不敢拿別人的生命開玩笑，寧可讓人說我算不準或不會算，我都會加上一句話：「你一定要記得去看醫生，看看醫生怎麼說，看看用現代化的儀器能夠查出什麼病兆。我算的不一定準，只能給你作個參考，一定要去看醫生，如果檢驗報告出來，一切正常沒有病，那不是更好嗎？如果查出來和我所說的一樣，那你就要更加注意了，如果檢查出來和我所說的不一樣，那你還是應該要聽從醫生的建議才對。」

當您用正確的態度與方法關心自己的生命之後，自然而然的您就知道該如何去關懷與尊重別人的生命，然後就是關心周遭生物的生命，關心宇宙中的萬事萬物了。

一旦啓動就無法停止，直到結束

「當初我如果早點來找妳，早點認識妳就好了。」這是很多人對我說的一句話，爲什麼會相見恨晚呢？因爲對方的因果已經啓動停不下來了。話再說淸楚一點，就算我們早就認識，在事發之前就千叮萬囑的提醒你，你會相信嗎？你會預防嗎？少之又少的人會把我的預告當做一回事，好聽的大概都會記得，不好聽的，在出了我的門大概就忘光了。等到碰到挫折了，才又猛然想起好像那個陳太太曾經有這麼說過……。沒用的！太晚了！過去，我之所以在爲人服務的時候，都會用寫的再讓對方帶回去的理由，就是希望能帶給您一點警示作用——因果一旦啓動，任誰也無法讓它停下來的。唯一可以改變的，就只是如何讓這一筆因果債務提早結束，而且結束得漂漂亮亮。

就像有人告訴你，你先生不好。是啊！是不太好，每天早出晚歸的，你也想離婚，但是一定離得成嗎？孩子又該怎麼辦呢？

又有人告訴你，你的孩子不太好帶。是啊！眞的很不好帶，但是都已經生下來了，又能怎麼辦呢？可以把他重新再塞回肚子裡去嗎？可以拜託老天爺重新再換一個來嗎？

又有一個人告訴你了，他說你的這個男朋友不好，以後容易有外遇又不顧家。糟糕！這還得了！問題是這是結婚以後的事，你現在正在談戀愛，你會相信嗎？如果相信了，那麼盡量想辦法好聚好散，如果不相信，那只好結婚之後，碰到了狀況再說吧！可是話又說回來，這個算命的算得準嗎？如果「注定」是你欠對方的，你逃得掉嗎？又有誰能夠告訴我們有那一些命運是「注定」的呢？

兵來將擋，水來土掩。既然逃不掉，只好逆來順受，就像不喜歡參加馬拉松賽跑，但是不得不上場而又不能半途退出比賽的時候，只好想辦法把這一大段的長距離給跑完。慢慢跑嗎？反正早晚總是得靠自己一個人跑完；還是趕快跑完再休息呢？問題是你的體力、經驗是否足以應付這一次的馬拉松賽跑呢？當過去世因果出現的時候，就像是「不得不」上場「考」一場馬拉松一樣，還有時間的限制呢，不及格的話，下次還得重考，多累啊！我想沒有幾個人願意重考吧！趕快想想辦法通過吧！

「有心與無心」是控制時間的最大因素，假使依一般正常標準必須花費十五年才能還債完畢或修行有所成就的話，如果您有心修行且有心還債的話，也許十年、十二年就可以過關。如果您無心又拖拖拉拉的，也許三十年過去了，您都還過不了一半呢！

記得我在學生時代很喜歡運動，常常參加賽跑，其中總是有一大段的距離實在是在跟自己過不去，每次我都想往「橫」的一跑，跑出跑道外，棄權算了，可是下一棒的同學還在等著我呢！好吧！想個法子吧！於是邊跑邊在心裡頭唱歌，照著歌曲的節奏一步一步的跑下去，雖然邊跑邊唱實在很喘，但是每次唱，每次都讓我跑完全程。

如果您能夠換個角度換個心境，用欣賞、學習的角度看待問題，用眞心改過、認眞修行的心態面對生活上的逆境，相信您一定可以日日是好日，年年是好年。這就是有心與無心的差別。

「早還與晚還」又有什麼差別呢？如果說，您必須親自償還您的小孩五年的時間，您想選擇在什麼時候還，會比較妥當呢？在孩子幼小無知的時候呢？在他們青少年的叛逆期呢？在他們事業或婚姻出現了危機的時候呢？還是在他們生病脆弱的時候呢？我是選擇第一種，在孩子幼小無知的時候償還，爲什麼呢？

在他們零歲到五歲的階段，我自己盡全力花時間、精力養育他們，照顧他們的身體，教育他們一些該注意的常識或知識，奠定好他們的人格基礎，讓他們在安全感俱足的環境下成長，他們的生理、心理、體力、智力我統統兼顧到了。雖然花了我整整五年的時間才放手，但是接下去的日子呢？可以讓我操心的，實在是所剩很有限了。這是我自己一手帶三個孩子長大的經驗談，我把「吃苦當做吃補」，冥冥之中卻也印證了因果論中非常強調的「早還早了業，早開心。」

如果您是選擇在孩子青少年的時期償還這一筆因果債，那可能會碰到什麼樣的結果呢？也許是孩子不學好、變壞了或離家出走或……。總之，一樣的，您爲孩子整整操心了五年。如果選擇在他們事業或婚姻出現危機的時候呢？生意失敗了，鬧婚變了，也許孩子不會找你訴苦不會找你要錢，但是知道孩子出了問題，做父母的能不煩心嗎？整整的也是煩了五年。我這種舉例各位讀者能夠明瞭嗎？

所以在某些方面我是滿女性化的，我滿堅持如果經濟許可的話，無論如何請盡量花點心思親自養育您心愛的孩子長大，這一段時光的有心與用心是絕對値得的。您會發現孩子長大了，您也成熟了不少，我不希望您錯過這難得的好機會，機會一失是永不回頭的，因爲孩子的童年只有一次。尤其是現在已有「育嬰假」，如果這個育嬰假可以延長爲三年，而且不限於媽媽，也就是說爸爸或媽媽任何一方都可提出申請，都可以親自撫育孩子長大（何妨爸爸一年半，媽媽一年半），相信幾年之後，青少年所造成的社會亂象，應該可以減少很多。

學習與服務

在我的第一本書《如來的小百合》封面上，印著一行字「生命原來有因有果，生生世世的歷程原來都是學習」，這一句話是聯經的林主編看完整個稿子之後她對因果所下的結論，事實也就是如此，學習與服務的確是因果論的人生觀。

我在《如來世1——通靈經驗》的〈祂們與我們〉中提到過，我是被一位「老菩薩」所感動而願意站出來亮相的。我問祂：「您已經這麼老了，爲什麼祂們還要派您來服務呢？」祂是這樣回答我的：「在我們這一界，從來就沒有想過要安享餘年的，我們總以爲只要還有被利用的殘餘價值，我們都會很樂意去付出的。記得！一定要學會付出！」我還不到一般退休的年齡，也還不夠格談剩餘價值，以我現在的狀況，我只能說，只要時間、體力許可的話，我就盡力去做。

學習與服務是互爲因果的，以我的例子而言，當我用我的通靈能力爲人「服務」的時候，透過各位的因果故事，我「學習」到很多很多一般人無法體會到的因果奧秘。我再藉由平日服務所累積到的因果故事，整理之後出書，讓其他對因果運作有興趣的朋友可以一探因果的究竟，我想這是另外的一種「服務」。等我收到讀者們對書中內容的看法或意見時，不管是贊同或是持不同的見解，甚至於有讀者告訴我他們的親身體驗……這不又是我的另一種

「學習」機會嗎?我再把別人的經驗告訴其他的人或加入下一本書裡，這樣能讓更多的人也能從中獲益，「服務」又出現了……。

什麼是因?什麼是果?重要嗎?非得要知道因是什麼?果是什麼?才能讓我們有所覺悟而有所決定嗎?

我常問:「有沒有人知道修行好的人大概都住在哪裡呢?」在哪裡呢?在深山裡嗎?在寺廟裡嗎?在學術殿堂嗎?還是在政府機關的高層呢……都不是!眞正修行好的人就在你我身邊，你我身邊的一般小老百姓。你是其中之一，他也是其中之一，我不甘示弱，我也是!

只要在生活中盡量扮演好老天爺賜給你的每一個「合法」角色，不管這一世是欠債還債，是有恩報恩，是修行或魔考，只要「不要混」，只要「盡力去做」，每一個人都可以在修行這個學分上拿到最高分。相信嗎?認眞、敬業的人絕對是最美、最帥的!每個人都有自己的本分，你可以隨便湊個數交差了事，相反的，你也可以很認眞很用心的去完成你的本分。

至於要用什麼樣的「態度」，就全看你自己了!因爲沒有人可以代替你做決定、代替你去執行。生生世世輪迴轉世的意義就在這裡，每個人都得憑自己的本事走出自己的一條路，活出自己的一片天空。所以，不要小看了自己，只要把握住每一個學習與服務的機會，總有一天，你就會是大人物。

推動「安寧緩和醫療」的趙可式女士曾說過這麼一段話：「生死對我來說，沒有一點害怕，一絲恐懼，隨時就緒，而且我隨時←ready←準備好。我們每個人都在修人生的PHD：P—persistent做事情要有毅力、堅持、決心；H—humility要謙虛，其實所做的事，不過是盡本分而已，沒什麼好誇耀的；D—devotion對工作有熱誠，那種奉獻、熱情，別人是可以體會得到的。所以這PHD就是人生一輩子要修的。」

有人說：「昨天僅僅是歷史，明天是神秘的未知數，只有今天才是神賜的禮物。」不是嗎？

九一〇的時候，除了恐怖份子外，有誰知道九一一會發生影響全球的暴力攻擊恐怖事件呢？九二〇的時候，全台灣的人又有誰知道九二一會有影響全台灣的大地震呢？這就是個神秘的未知數，到了九一二、九二二時，九一一、九二一就已經是歷史了。

說「學習」本身就是一種滿足，那麼當您「服務」的時候，也許就是教學相長了。人生是應該要有目標，才不至於迷失了方向，但是不應該忽略了到達目的地的過程。每一個過程都值得我們學習與珍惜，因爲生命是一天一天的過程所累積而成的。只有今天，只有現在，我們才能夠掌握得住，請用感恩惜福的心情去迎接每一個今天的到來，請用學習與服務的態度去充實您的每一個今天。「人外有人，天外有天」，人世間本來就是一個絕佳的修行道場，就看我們如何利用了。

悲智雙修雙運，不要阻礙別人的成長

請看〈阻礙別人的成長〉那一章。

勿隨便許願或發誓

關於這一點也是較難以令人信服的一種觀念，若不是我看多了這樣的因果故事，打死我都不見得會相信。在這裡我先說明如何「破解曾經許過的願望」。曾經有很多人聽完了許願的因果故事之後，憂心忡忡的對我說：「怎麼辦？我對我的男（女）朋友也曾經這樣說過，說我下輩子一定要和他結婚，可是我現在已經後悔了，聽了妳這個故事之後，我更加害怕，我不想到了下一世還和他有任何的瓜葛。可是我們已經許願了，怎麼辦呢？」

天啊！還好！我躲過了！剛結婚的前幾年，我常常對先生說：

「我下輩子再嫁給你好不好呢？」

「妳的脾氣這麼兇，我怎麼敢呢？就算敢我也不做男的，如果我做女人妳做男人，那就可以再結婚一次。」他總是這麼說。

「不行！我還是比較喜歡當女人。」我也不甘示弱。

所以好多年過去了，這個問題一直談不攏。近些年來，他變了，我也變了，他說：

「我下輩子想再娶妳，請妳嫁給我好不好呢？」

「以前我拜託你娶我，你不要，現在我也不會答應。」其實我是被別人的因果故事給嚇乖了，也許到了下一世我有更好的選擇，他也有更佳的伴侶，何必現在就給自己設限呢？

怎麼破解呢？有沒有效呢？我也不知道，只是這個方法是祂們教我的——對著上天，真心的對祂們說出你心裡的話（別忘了，一定要誠實！雖然祂們有他心通，但是由你自己親口告訴祂們，起碼這是一種基本的禮貌），告訴祂們，希望祂們能夠原諒你當初錯誤的決定，這麼簡單而已。只是如果你常常「許願」，然後再常常求「破願」，那跟放羊的孩子又有什麼差別呢？祂們絕對不可能幫你忙的。再者，你的許願、破願（破解原來的願望不也是另一種許願嗎？）能否如願，也絕對和你的修行成績（不是修行程度）有關。

如果一切還可以，如果沒有欠別人特殊的因果債務的話，老天爺一向是很慈悲的，祂們會盡量如大家的願。只是「如願時」的時空背景和「許願時」的時空背景絕對不一樣，時間變了，空間變了，人變了，價值也變了。雖然是變了那麼多，祂們依然是喜歡「成人之美」，喜歡如大家的願。但是在大夥兒如願的同時，可別忘了「如願是絕對要付出代價的」。

我說過，天下沒有白吃的午餐。

當然了，能夠如願的前提一定是這個主角做得不錯，修得不錯，既然做得很好，那也就是說，「慈悲」這個基本學分應該是過關了。雖然慈悲過關了，但是老天爺還是得把其他過去世裡的一些特別因素列入「如願」的參考範圍內，因此祂們往往很喜歡在讓大家如願的同時，加進一點點的考題。什麼樣的考題呢？既然慈悲過關了，老天爺就順便考考各位有關「智慧」的問題，看看各位能不能很有智慧的看待某些事情，學習某些事情，進而很有智慧的處理某些事情。

我們一向都是很健忘的，常常忘了自己曾想過什麼？說過什麼？做過些什麼？也老是忽略了每個人的黑盒子一直都很認眞的且從不罷工的在執行工作，也一直都與老天爺連線著。可是同樣的考題，不管是慈悲或是智慧的考題，似乎一再的重複出現，但也因爲時空的不同，答案永遠不會是唯一的。也因爲答案不是唯一，所以我們才更需要靠智慧來做出正確的判斷。說得簡單一點，老天爺要我們生生世世學習的是——「不要執著，因爲無常」。祂們想要提醒我們的是——「歷史是一連串的因果輪迴」。

臨終時的眞正放下

這個可難了，一個人一旦斷了氣，旁人再也無法得知他是否眞正的放下，就像從來就沒有一個死去的親人自回來告訴我們靈界的眞實狀況。臨終時有的是本人放不下，有的是親朋好友放不下，不管是誰放不下都改變不了事實。如果知道死亡前那一剎那的意識，會對未來的轉世有著非比尋常的影響時，我想大家也許會強迫自己學會改變的。常常在西洋影片中我們可以發現一個和東方不太一樣的場景描述，那就是對死亡的感受。國人似乎總是要大哭大叫才可以表示自己對死者的不捨，然而國外的呢？也許他們比較能夠收斂自己的感情吧！

我母親過世前的那一段日子是在榮總的安寧病房中度過的，這裡總共只有十五張病床，然而死亡的戲碼幾乎天天在這裡上演，有時候一天之內送走了三個。不同的是，我沒有在這裡看到悲慟的場面，也許是這裡住的都是癌症末期的病人，他們的家屬老早有了相當的心理準備。

就像這裡的醫師告訴我的，他們在盡最大的努力，希望每個病人都能夠眞正的放下而離開人世間，也期盼家屬同樣的能夠讓病人放下，讓自己放下，重新再過日子。「放下」這兩個字眞的那麼難嗎？到底放不放下對來生又有什麼樣的影響呢？本來我只是從因果故事的角度來看待這個問題，沒想到醫護人員也是如此強調。我願意相信醫護人員的話，因爲他們是天天在生老病死之間巡邏的大菩薩。

醫師說，這裡有的病人不接受任何的治療，只希望能夠打坐直到死亡；也有的病人對任何人都有問有答，唯一不對他老婆講話；也有的是一句話也不說……至於我媽媽呢？有的希望她好走；有的卻一心等待著奇蹟的出現；她自己呢？她很聰明，總是趁著先生、兒子不在的時候，拜託醫師，要醫師轉告觀世音菩薩，讓她先插隊，希望菩薩趕快來接她。醫師對她說：「我幫妳訂的是頭等艙的車票，所以妳要有耐心，再多等幾天。」轉過身，醫師對我們說：「她好辛苦喔！我沒有達成她的願望！」

這個時候的我才知道：「求生難，求死更難，求好死，難上加難。」「不要執著」！如果您知道因果輪迴是一種長期投資，是一種永續經營，而每一世的命運也不是絕對的定數，那您怕什麼呢？如果您知道生命原來有因有果，生生世世的歷程原來都是學習、都是服務，您還有什麼放不下的呢？生就是死，死就是生！死亡之後才能重生，才有機會去實現你下一世的夢想。

但是請特別注意的是，要做到「不要執著的放下功夫」的確很容易想通，也很容易領悟，但卻不是三、五天或一剎那的時間可以做得到的，那必須是長時間的「生活習慣」所累積而來的「自然反應」。在這樣之下，自然而然，不論你身處在哪一種時空，都能做到不貪心也不計較，隨時隨地都能夠捨下一切的時候，我才比較有把握說：「我相信你在臨終的那一剎那，一定能夠眞正的放下。」

＊許願的結果

第一次是在座談會中，一位女士帶著年約二十出頭的女兒前來參加，美麗又有氣質的媽媽問夫妻兩人是否在過去世裡有因果的關係。

畫面是在一個小山坡上，有一個年約七、八歲的小女孩跪著，她的正前方有一個年紀相仿的小男生拿著用野花編成的小花環，戴在她的頭頂上。我明白了，原來他們正在玩新郎娶新娘的遊戲。畫面就只有如此，一個靜止的畫面。

「在某一世裡，妳（來問事的女士）是個小男孩，而妳先生是個小女孩，你們住在同一個村莊，村裡的小孩子們常常玩新郎娶新娘的遊戲。不同的是這個小男孩一直沉浸在這個美麗的遊戲中，他自己告訴自己，總有一天一定要娶這個小女孩為妻，但是小女孩並沒有特別喜歡這個小男孩，也從來沒有和小男孩一樣有著相同的想法。」

「媽媽，妳就認了吧！誰叫妳自己要許願的！」女兒在一旁插口道。

「哈哈！我知道了！誰叫你自己在過去世要許願！所以嘛！我常常叫大家不要隨隨便

便、胡里胡塗的就許願。」我也接著說道。

第二次，女士出現在一對一的服務場合中，「陳太太妳上次說我和我先生的因果是因爲我自己許的願，但是座談會的時間比較有限而我又想知道更清楚的內容，所以我報名了一對一的服務。」她說道。

「沒關係，只要掛號掛得上，我就會爲你服務，我一向很公平，只是我有規定，如果有過一對一的服務，必須經過半年之後才可以再報名一對一。」我還算是很民主，爲了不想養成別人迷信的習慣，不想阻礙了別人成長的機會，也爲了讓更多需要幫助的人能夠得到一點點的方向，所以我不得不採取某些措施。

好吧！鏡頭繼續帶下去，就讓我們看看後來到底又發生了什麼事。後來，小女孩長大了嫁給山下一個有錢人，而小男孩卻因爲一直想娶這個小女孩爲妻不成，而終身未娶。雖然他一直沒有結婚，但卻在事業上充分的發揮，並且盡力的行善。如果單從這個因果故事而言，女孩並沒有欠男孩任何的因果債，因爲任何人都有權利選擇他自己喜歡的結婚對象，更何況小女孩也從來沒有給過小男孩任何的承諾，純粹就只是男孩子自己一廂情願的想法罷了。

經過了幾世的光景，來到這一世裡，小女孩轉世爲這位女士的先生，老天爺滿足了她

（過去世的小男孩）的心願，只是男孩變成了女人，女孩變成了男人……。女士賺錢很容易，也的確賺了不少（因爲前世多行善之故），卻老是一而再、再而三的替先生償還債務，她已經爲他還了八、九千萬元的債務。雖然目前兩人已經離婚，但是前夫還是對她糾纏不斷，想盡各種辦法就只是希望前妻能夠再多給他一些金錢而已。在這個因果故事中我們可以很清楚發現「天下沒有白吃的午餐」這一句話，連轉世的時候都還可以派得上用場。因爲在過去世中她的先生並沒有欠她任何的因果債，而她自己也只是一廂情願的想與對方結爲連理，好了！老天爺讓她如願了，而她也爲這個願望付出了極大的代價。

接下去的文章敘述是這位女士親口告訴我她這一世的情形。我覺得很好聽，很動人，也很恐怖，恐怖到各位讀者以後可能都不敢把「許願」把「發誓」放在嘴邊，也一定會有人問我：「如果說我已經許願了，可是我現在後悔了，又該怎麼辦呢？」常常在座談會中，我會舉例這個因果故事，也常常在座談會後有人會問我先前所談到的同樣問題。

「在我八歲的時候，我爸爸有一次到他隔壁村的朋友家拜訪，聊啊聊的，知道對方有一個兒子年紀和我相仿，於是他就自作主張的把我許配給了這個男孩，回家之後，他卻一直沒有和家人談起此事，也就是說除了我爸爸之外，家裡沒有一個人知道詳情。到了我二十二歲的時候，我想出國到新加坡進修再學一些有關美儀的課程，我爸爸說話了，他說一個女孩子在這個年紀出國，一出去又是三年，他實在不放心，他希望我不要出國，乾脆結婚算了。他又問我有沒有適當的人選時，我對他說沒有，他才接著說他在我八歲的時候幫我許配給一戶人家了。我一向很聽我爸爸的話，是個乖乖牌的女兒，於是就這樣胡里胡塗的和隔壁村的男孩子結婚了。而我爸爸也在我婚後不到半年的時間，就莫名其妙的死亡了。怎麼這麼巧，同樣是發生在七、八歲時的故事，而我爸爸就好像是專門來處理我的婚事似的。從我結婚後開始，我就一直在賺錢供他們家的人花用，我的事業做得很順，財運也不錯，但是先生的事業就很差，我老是在替他還債。」

＊另一個許願的結果

我們再來看看另外一個故事，這個故事會讓人覺得……，很妙！很不可思議！

在這個時代居然還會有這樣的事情發生。

那也是在一個週六下午的座談會，一位大約六十歲左右的太太問她和先生之間的因果。畫面是一個男人坐在桌子前努力的在核對著帳冊（在這裡我說是帳冊，可是當時的畫面根本就是極端的模糊，甚至於可以說根本就看不到帳冊，只約略的看到一個男人埋頭在看桌上的東西），他的右手邊站著一個較年輕的女孩，含情默默的看著這個男人（我還是想再說清楚些，什麼含情默默嘛，根本就是非常非常模糊的畫面，大概只有……，我實在不知道該如何說明才能讓大家相信那眞的是一閃即過的畫面）。

故事來了，這是一家商店，男的是老闆，女的是會計小姐，女的愛上了男的，男的也知道女的愛上了他，但是他已婚也知道自己不能亂來，可是內心深處也著實喜歡這個女會計。說白一點就是彼此都是心裡有數——「你心中有我，我心中有你」，只要能夠天天看來看去也就心滿意足了。就這樣，這位癡情女會計一直待在店裡工作，一直沒有結婚。

因果故事中有誰欠誰嗎？如果再加上老闆娘這個角色，又有誰欠誰嗎？老闆和女會計又沒有亂來，一個沒有越軌一個沒有破壞別人的家庭，只不過雙方的「心」都不知怎麼一回事罷了，而一般的法律中又沒有規定結了婚就不能「欣賞」或「暗戀」其他的異性。故事到了下一世該怎麼進行呢？我知道這位太太就是女會計來轉世，而她的先生就是那一位老闆。

「誰叫妳那麼癡情幹什麼呢？一輩子含情默默的看著一個人也能如此的心滿意足，眞是的！這一輩子老天爺就讓妳看個夠。」我說話了。

「我先生對我非常好，家中的一切他都幫我打理得好好的，我簡直就沒有什麼事情可以煩惱，可是陳太太妳知道嗎？我完全沒有自由，一點點的自由也沒有！」

「對不起，妳說完全沒有自由是什麼意思呢？我聽不懂妳的意思，在座的有沒有人聽得懂她的意思呢？」

「陳太太我告訴妳，我先生要我把每天的時間記錄得清清楚楚的。」

「我還是有聽沒有懂。」

「是這樣的，我今年已經六十五歲了，可是不管我要去哪裡，要去多久，我都要事先跟他說清楚，也就是說我先生隨時隨地都要知道我人在什麼地方，就算是我要出去買個菜或洗個頭髮，也要說清楚幾點要出去幾點會回來。我先生不是不信任我，其實他對我眞的是好得沒話說，可是我卻覺得沒有一點點的自由。」

「陳太太，我可以作證，她是我婆婆，我是她最小的媳婦，我公公眞的是要求我婆婆一定要這麼做。」旁邊的一位小姐說話了。這個時候，小小的咖啡店裡一陣騷動。

「陳太太，我能不能拜託妳一件事，雖然我們都知道妳有妳的規定，妳一向是第一個問題從第一號回答到最後一號之後才會開始回答第二個問題，可是我能不能插隊一下，讓我馬上接著問第二個問題呢？」

「爲什麼呢？」

「因爲爲了來妳這裡，我騙我先生說是要帶小媳婦去看醫生，所以我們必須趕回去才行。」

「我問一下在場的各位，請問你們願不願意讓這位太太先問第二個問題呢？」想想，在場的有誰會不願意呢？大家一致鼓掌通過。當老太太問完第二個問題之後，牽著小媳婦的手馬上離開了咖啡店，留給我們一個很美妙的下午。

原來配偶對自己太好了，也是一種很大的負擔；原來擁有不是很好的配偶，其實也不見得是不快樂的。「缺陷的美」有人體會過嗎？我們不就是一直生活在有缺陷的日子裡嗎？爲什麼很少人能夠發現其中的美呢？又爲什麼很少人能夠享受當中的美呢？

穩贏的因果解釋

將我帶入醫學界的高雄凱旋醫院林醫師，就這樣一路「緊盯著我」。我這麼說，但他可不這麼認爲：「妳是我請來高雄做實驗的，只要妳在高雄的一天，我當然就有責任保護妳、照顧妳。」「放心好了！我是高雄的媳婦，不會走失的！」其實私心裡我倒是很高興他一路緊盯，爲什麼呢？既然他有心要做實驗，那麼我覺得他就有必要知道我這個通靈人「不通靈」的時候是怎麼過日子，怎麼待人處事。很多時候，在事件發生的當時看不出眞相如何，卻也有很多人在非常時刻，才可以見識到他的眞面目。我最喜歡舉的例子就是男女在談戀愛的時候，幾乎每個人都把最好的那一面呈現在對方眼前，等到結婚之後，才……。

太慢了！後悔已經來不及了！

可知林醫師是怎麼緊盯法嗎？他很少告訴我下一站要到哪裡，就算告訴我要去哪裡，也很少會告訴我是哪些人想要見我，就算告訴我有哪些人想要見我，他也不會透露任何一絲對方的資料。偏偏我這個人也是個大怪人，很容易相信別人，所以我也絕對不會多問一句，我對他說：「既然你們請我下來做實驗，而我也希望能夠從另一個角度檢驗我自己，所以我完全配合就是了，隨便你們要把我帶到哪裡去見什麼樣的人都沒有關係，只有一個條件——不要把我的頭殼打開就行了。」

於是一下子在咖啡館，一下子在泰式餐廳，一下子在保險公司，一下子在我住的旅館裡……。有時候只見一個人，有時候是一屋子的人，有時候卻是一個個陸續進來的……。反正，我走到哪兒，腦袋瓜就在我頭上，有什麼好怕、好擔心的。

在台北有個年紀和我相仿的男讀者總共聽了三十場左右的座談會，他在聽了差不多二十場的時候，約我到政大附近的河堤邊走走，他說：「我在問路咖啡廳聽了妳大概二十場的座談會，妳是每場規定二十五個人參加，一個人可以問兩個問題，我假設每場來了二十個人好了，一個人就只問一個問題，我也只聽了十五場，結果是什麼呢？我大概聽了三百個因果故事。如果說妳是個會編故事的人，想要在這短短的時間內編出三百個故事，那還真是不簡單，偏偏妳不像是個會隨便編故事的人，而我所聽到的三百個因果故事中，也沒有一個故事是重複的，光是這一點就很不簡單。」他是企管碩士，也是個到處演講的人。

林醫師又是如何呢？他是這麼說的：「我發現妳的因果故事確實沒有重複，我也注意到從因果輪迴中很容易就知道對方的個性，所以要改變命運，看起來好像眞的是要從改變個性開始做起。還有我發現妳大部分是講過去世的因果，很少講未來可能會發生的事，另外我有個疑問，妳在講對方個性的時候，反正不是妳說的那個個性就是完全顚倒的個性，也就是說不管怎麼說，妳都是對的。」

精神科醫師眞的不是當假的！我很喜歡和這種人做朋友，除了不迷信之外，還會從當中找出問題的癥結所在。

「你沒有聽到未來的預測，那是因爲現場沒有人這麼問，在台北很多人是問未來的事。可是我很不喜歡去預測未來，主要是因爲命運本來就不是定數，要改變未來其實是很容易的，就看當事人自己要怎麼做。對未來預測，絕對不是我的專長，我比較特別的是能夠看到過去世的因果，所以喜歡從因果的角度，盡量想辦法勸大家改變個性，感恩惜福，珍惜當下，不要一天到晚老是在擔心未來會怎樣。因爲沒有耕耘就絕對沒有收穫。有一句話——『要投入，才能深入；要付出，才能傑出』就是最佳的說明。至於你說我在講對方個性的時候總是對的，這一點你的觀察很厲害，也百分之百正確。」

舉例說明

如果在過去世的因果故事中，甲欠乙錢且惡意不還，那麼在這一世中可能會有什麼樣的狀況發生呢？一般來講，欠錢還錢就這麼簡單而已，只不過別忘了還得加上利息。假設在這一世裡甲轉世爲妻子，乙轉世爲丈夫，最簡單的兩種可能：如果先生在過去世裡是個好人，做事循規蹈矩，只不過耳根子軟，容易聽信別人的話，妻子就是在那一世裡騙他錢而又不還錢的一個朋友。那麼也許我會說：「妳先生雖然是個好人，但是耳根子軟因此做生意老是賺不到錢，妳一天到晚要幫他籌錢，不是讓他投資就是替他還債。」

如果先生在過去世是個不務正業的人，偏偏妻子欠他錢且惡意不還，我可能會這麼說：「妳先生常常不務正業，不賺錢回家不打緊，還在外頭欠了一屁股的債務，偏偏債權人又不放過妳，妳只好想盡辦法替你先生還錢。」從以上兩個簡簡單單的例子，各位注意到什麼嗎？對！我們可以從過去世裡先生的行爲猜測到這一世裡他可能會有的個性，幾乎是一模一樣的個性吧！但是先生的個性不是重點，重點是在於做妻子的一定要爲先生「準備錢」而已。再換個角度來看看妻子的態度吧！

如果妻子在轉世的過程中知道自己錯了，不應該欠別人錢且惡意不還，於是她有心要改過，在這一世裡，先生投資錯誤時她會說：「我心疼他是個好人，只不過耳根子軟了點，所以我才會一再給他機會，替他籌錢讓他再投資，也才會傻傻的替他收拾爛攤子，畢竟他不是壞人，更何況我還有能力幫他的忙。」先生賭輸了，她也許都還會說：「就算是我前世欠他的吧！再苦的日子總是得熬過去，畢竟這個婚姻是我自己選擇的，怨不得別人。」滿心的認命與無奈。

如果妻子在轉世的過程中知道自己錯了（絕大部分都會知道對或錯，因爲只要調出黑盒子裡的資料，就一切明白了），但卻無心認錯，也不想改過，那麼在這一世裡，她還是得照樣替先生準備錢，只不過是心不甘情不願的。投資失敗時，做妻子的也許會這麼說：「怎麼勸他都沒有用，就只會聽朋友的話，每次投資每次賠錢，賠了錢就只會回來找我要錢，我又不是開銀行的，就算開銀行印鈔票也得等它乾。有時候不替他還，還會對我兇巴巴的，給我臉色看。眞不知道前輩子我到底是做錯了什麼事，這一輩子得跟他跟得這麼累這麼可憐。早知道有今天，我就不嫁給他了，眞是瞎了眼倒了八輩子的楣。」如果是先生賭輸了錢，那麼這個做妻子的又可能會怎麼說呢?這個部分,各位讀者您就自己做文章吧!

這兩個解釋的重點又是什麼呢?主角還是妻子,差別就在於她是用什麼樣的「態度」來還債,「有心」還是「無心」呢?這個有心與無心的差別可就大多了,因為有心還債,那麼無形之中就會還得快,也就是說還的時間會縮短,苦日子會提早結束。爲什麼會這樣呢?別忘了,我一再強調的——「態度」,態度也算入計分的標準。

在這裡還有一個很重要的注意事項,那就是不要只顧著還債而忽視了——「阻礙了別人的成長」。爲什麼呢?如果這個做太太的除了有心還債以外,還會想辦法盡量規勸先生改過向善,那麼她就是一邊還一邊修,修什麼呢?「助人!」想辦法拉先生一把!助先生一臂之力!多給先生一次成長的機會!我相信當過去世因果債務還淸的時候,她也累積了不少的功德,改變了先生也改變了自己的命運。

所以嘛!看清楚了吧!我所謂的「穩贏的因果解釋」是用在什麼地方呢?用在解釋一個人的「個性」。如果用在乙(債權人),幾乎是不會有什麼問題或有什麼差錯的,用在甲(債務人)呢?如果我「猜」錯了對方的個性,那麼我就會改口說相反的個性,爲什麼呢?有心與無心而已。不是我會猜、我會找藉口、我懂心理學,也不是老天爺厲害,純粹是有心還債（或報恩或學習或其他等等）與無心還債而已。

如果您是由有心到無心，或者是從無心到有心，那麼您的個性也是會一路跟著改變的。不過很可惜的是，從有心到無心的人一大票，從無心到有心的人卻是微乎其微，所以林醫師才會說我怎麼說都是我對。

如果我第一次猜錯了對方的個性，一旦改口說出相反的個性，常常「很不巧」的就被我說中了，但是這種機會並不多，什麼機會呢？要我改口說出相反個性的機會實在是並不多。

爲什麼呢？當然了，祂們所呈現給我的畫面與訊息是個重點，這個倒是難不倒我，因爲畫面就來自各位的黑盒子，來自各位過去世的所思所作所爲，這是一種既定的事實，一旦過去世的資料調得出來，那麼錯誤的比率就相當有限。在這裡我想陳述的又是什麼呢？根據我十年來的經驗統計得知，人類眞的是種很健忘的動物。因爲當我看到畫面時，很直接的就依畫面的意思說出對方的個性，百分之九十八是不會有差錯的，也就是說百分之九十八的人是抱著「無心」來轉世的，因此最多也只剩下百分之二的人抱著「有心改過」的心態來轉世。

我們常說「歷史會一再的重演」、「歷史是一連串的因果輪迴」，每個人的輪迴轉世又何嘗不是一種歷史的重演呢？我們常說「暴政必亡」，可是卻有一大堆的統治者前仆後繼的在效法。我們也說「歷史是一面鏡子」、「前車之鑑」、「不要重蹈覆轍」，可是有幾個人做到了呢？有幾個人從歷史的軌跡中學到了教訓，並且避免掉災禍呢？百分之二而已！只有百分之二的人過得了關！想想一般人常說的一句民間俗話就可以更清楚我的意思了——「富不過三代」。

好了，各位！如果您覺得您的命運不好，請不要再責怪老天爺了，不妨先回過頭來想一想自己，想一想應該要如何痛下決心好好改變自己的個性！因果輪迴就是這樣，沒有通過考驗的題目會一再的呈現，直到您學會了如何去應付？如何去解決？否則您只好一世又一世的「被自己當掉」，一世又一世的「要求自己再來重修」。眞的不要隨隨便便「混日子」，日子不是用來混的，日子是用來學習與服務的。

我們也可以試著從另一個角度來探討何謂「穩贏的因果解釋」，哪個角度呢？身體的因果病。如果我恰巧「猜對」對方這一世的病痛，現場的朋友們大都會覺得很訝異，以爲我很靈！如果「猜錯」的話，也許就會想看我如何自行收拾善後。那有什麼困難呢？猜對了！那是因爲過去世的因，這一世的果；猜錯了呢？那更簡單！一句話：「我想你的病是屬於這一世的因，如果你沒有好好看待、好好處理的話，那麼就會變成下一世的果。」

不要凡事推給因果

我們談過對自己的所思所爲要勇於負責，然而卻有很多人爲了逃避自己該負的責任，動不動就把一切歸咎於「那是過去世的因果」、「那一定是過去世他欠我的」，這眞是冤枉老天爺了。因果論採用的計算方法是永續經營制，每一世總是在加加減減中度過。

在這加加減減的過程中，請注意一個很特別的地方，那就是或多或少會有「歸零」的時候，想一想，一開始的時候不就是從零開始計算起的嗎？

你我本來不認識，有一世我向你借了二十萬元不還，於是到了第二世連本帶利我得還你二十五萬，結果你騙了我六十萬。如此一來，不但我欠你的二十五萬還清了，你還倒欠我三十五萬。好了，到了第三世時，你被我惡意倒會倒了四十二萬，剛好是三十五萬連本帶利的金額，這個時候，這筆從第一世開始的金錢債剛好「歸零」了。如果到了這一世你借錢給我而我無心償還，我根本就沒有權利說：「搞不好是你上一世欠我的，所以我根本就不想還你錢。」

這是一個很簡單的說明，然而實際上呢？如果只是金錢就好計算了，但是如果牽涉到感情牽涉到生命，那豈是金錢可以衡量、可以解決的呢？感情和生命又是如何計算呢？一段感情的傷害可以用多少金錢彌補呢？一條人命又值多少價值呢？一個家庭因此而受到的損失，又豈能用有形的物質來彌補或取代呢？我們既然不知道因果論裡「業障」的計算標準是如何，那又應該如何自保呢？「以不變應萬變」，如果我不傷害人不就萬事如意了嗎？有什麼好怕的。

就好像看到了警察有什麼好怕好躲好逃的呢？如果沒有犯法，我就敢昂首闊步從警察面前大大方方地走過去，萬一警察想找我麻煩的話，到警察局裡坐坐就到警察局裡坐，誰怕誰啊！法律是用來保護守法的人，懲處不守法的人。

不過在這裡出了一點點問題，想想看，那裡出了毛病呢？法律基本上只是管到「行爲」管不到「思想」，有時候連「言語」也起不了多大的作用，例如別人用言語傷害了你，除非你能舉證，否則法官也難辦案。又例如你意圖搶劫銀行，只是到了銀行門口碰到了抗議人潮，礙手礙腳的無法行事而作罷，警察就算臨檢查到了你的犯案工具，法官能因此就將你判刑嗎？人世間是行不通的，但是有了黑盒子，有了超級電腦，你想騙誰啊！

不要凡事都推給因果，那麼在不知道因果的情況之下，我們又應該如何驅凶避邪、招福納財呢？

「行善」是最佳的破解法。衆善奉行，諸惡莫做，勿以善小而不爲，勿以惡小而爲之。原因就是因爲生命是永續經營的。也許剛開始的時候您是有所爲而爲，但是有做總比沒做來得好，漸漸的您會發現行善所帶給您的是無法言喻的快樂與充實感。良性循環的影響之下，您的個性、心境改變了，就算業障當前，您也會用歡喜受甘心還的心態來還債，如果沒有業障，那更是修行的主要法門。

行善並不難，也不一定要用金錢布施，生活中到處都有讓我們行善的機會，我常常勸人如果方便的話，可就近到家裡或公司附近的學校，當上下課維持交通的導護義工，或是做點社區環保、社區服務等等。我有個姑姑，家中有中風的公公必須照顧，她無法外出，於是她做什麼呢？幫視障的人士念書，把好書的內容一字一字念，一字一字錄到錄音帶中……。我兩個妹妹呢？一個開車，一個下車幫忙創世植物人安養基金會收集發票。

眾善奉行，諸惡莫做，勿以善小而不爲，勿以惡小而爲之。

＊電影劇情

這像是電影裡的劇情，她一個人用掉了大半盒的衛生紙。

一個非常高雅的女人，不但人長得美，氣質好，穿著又很得體。

「陳太太，請妳看一看我和我先生的因果。」

「對不起，妳和妳先生之間在過去世並沒有因果。」

「如果沒有因果，怎麼會這個樣子呢？」她開始哭了。

「對不起，我還是沒有調到任何資料，如果祂們不給我訊息，我也不會隨便編個故事騙妳。你們夫妻兩個人到底怎麼了？」

「電影裡才有的情節發生在我身上了。我對另一半的看法，一直就是屬於那種寧缺勿濫的態度，所以直到三十多歲才結婚。我的先生是外國人（在此我們就用甲國代替），是個職業軍人，他很愛我，對我非常好。事情是這樣的，先生因爲工作的關係，被調到了乙國服務，我也跟著一起到了乙國。有一次，他的部隊舉辦了一次活動，要去丙國玩幾天，眷屬們都可以參加，於是我們也報名參加了。出發前，先生和兩、三位同事因爲有事需要處理，所以臨時取消，但是我還是和其他的人一起前往丙國遊玩。就在我出去玩的這幾天當中，世界全變了樣，電影裡才會發生的情節，活生生的發生在我身上。」

「那一天，我先生把車子停在其中的一個同事家裡，然後和同事一起外出處理好事情之後，一起又去喝了點小酒，那一位同事建議說，既然我先生喝了點酒，那麼不妨先到他家裡睡一下休息一下，再開車回家。他們離開酒館的時候，大約是晚上十一點多，到了同事家是一點多，我先生在那個同事家裡睡到了凌晨四點多才起來開車回家。整個故事的重點就發生在四點多到六點的這一個時段。」

「據我先生說，他開車回家的時候，在半路上有人攔車要搭便車，是一個女的，我先生平時就是一個很好心的人，於是就讓這個女的上車。沒想到他們居然就這樣不明不白不清不楚的發生了關係，而且是在我家，在我的床上。妳知道嗎?當我趕到家的時候，看到自己的床上居然被別的女人做過那一檔事，妳知道我有多難過嗎?」

「妳是怎麼知道發生了這種事呢?」

「因爲，第二天，那個女孩的父母告上了法院，告我先生拐誘未成年少女，因爲那個女孩才十七歲多未滿十八歲。我先生說，在夜晚，他哪看得淸楚女孩未滿十八歲，加上我先生是職業軍人，就這樣，被判了十三年。」

「現在妳先生在哪裡呢？還有多久可以出獄呢？」

「我也不知道，自從他被判了刑之後，我就再也沒有跟他聯絡過，我想應該是在甲國吧，十三年的刑期，已經過了十年了。」

「這十年來，妳完全沒有跟他通信或聯絡嗎？」

「沒有，我很生氣，我氣他，氣他爲什麼可以這樣對待我。於是我一個人回到了台灣。」

「妳的父母知道這件事嗎？」

「他們都不知道，只有我最好的兩、三個朋友知道，所以我的日子過得好痛苦。」

十年了，十年了，十年來，她沒有一絲絲的原諒，只有恨意在她的心中不斷滋長。我承認她的先生是有錯，但是……

「妳有沒有想過，也許是仙人跳，也許是那個女孩故意的，更何況妳先生多多少少還帶著些醉意，我承認妳先生不對，但是妳爲什麼不能夠給他一次悔改的機會呢？就算他是妳的朋友好了，這十年來，他最要好的異性朋友連一封信也不給他，我想這對他的懲罰也夠大了。被關已經是夠慘了，何況這種內心的折磨會更傷人。我相信他絕對不是故意的，就像妳一開始告訴我的，妳說妳先生很好，很愛妳。我希望妳能給他一次機會好不好？去查查看，看他現在在那裡服刑，給他寫一封信。夫妻的緣分妳可以不要，但是就把它當作是做一件好事吧！告訴他，當他出獄的時候，妳還會是他的好朋友。」

「我想，我要查的話，還是可以查得到他現在在哪裡服刑。」

酒後駕車，唉！最近電視上常有這類的鏡頭，我多麼盼望這一些人能夠看到這個不是因果的故事，如果罰錢、吊車、吊照都起不了作用，那麼用「關」的又有何不可呢？知道嗎？當你害死了一個生命時，通常在未來世裡，你就得用一輩子的時間去償還這個因果，所謂的一輩子，指的是到死亡斷氣的那一刹那爲止，不管你只活了十歲，還是活了一百歲。我可以很明確的告訴各位，生命絕對是無價的！

＊以他為戒

兩個女兒，一個兒子，一個媳婦，四個人一起來參加座談會。

「我父親很愛喝酒，是不是跟他的過去世有關呢？」兒子問，可是他卻已經先告訴我答案了。

「完全沒有關係的，純粹是這一世裡他自己的所作所爲，不要動不動就把所有不如意的事情統統都歸到過去世的因果，這種想法並不正確。」

「可是我爸爸眞的是喝酒喝得很嚴重，他一旦喝醉酒以後，說話就會很大聲，影響到一家人的生活。」女兒說。

「包括我兒子都會對我先生說，叫阿公不要喝酒了。」媳婦也說話了。

「可是我眞的沒有看到過去世的因果關係。」就在這一瞬間，我收到了另一種啓示，可是我該怎麼解釋才好呢？

「陳老師，請問我爸爸這個壞習慣能不能改過呢？」另一個女兒說。

「坦白說不太容易。我先問你們一句話，看你爸爸這樣，你們會不會喝酒呢？」

「怎麼不會呢？我先生就會！」媳婦說。

「那你喝的多不多呢？」

「我會喝，但是我會自我節制。」

「各位知道嗎？我媽媽現在在榮總的安寧病房，隨時都可能會走掉，可是我卻坐在這裡跟各位聊天。當我媽媽發病以後，有個通靈的人說我媽媽是因爲年輕的時候脾氣不好，常常對我爸爸生氣大小聲，所以現在是老天爺在懲罰她。我不以爲然，因爲媽媽臥病在床，雖然她身受癌細胞的侵襲很痛苦，但是深愛著媽媽的爸爸更痛苦，因爲他無法替媽媽承擔肉體上的病痛。這些日子以來，我媽媽沒有因爲身體的劇痛而掉過一滴眼淚，爸爸卻哭過了好幾回，幾乎是天天哭，因爲他即將失去陪伴他走過快半個世紀的另一半，而在這個生死關頭，他卻一點點的忙也幫不上，只能眼睜睜的看著老婆獨自與病魔奮鬥。」

「有一晚我妹婿問我說，大姊，妳怎麼不問問看媽媽的病到底是什麼因果呢？我說，我不會問的，因爲沒有意義。在一旁的妹妹也說不需要問因果，只要大家盡心盡力照顧媽媽就好了。眞的，我們三個姊妹就是這樣，我們的信念是——不需要知道過去世有些什麼樣的因果，因爲日子是用來經營的，是要靠自己走過來的。我對在場的弟妹們還有妹婿說，我倒是覺得媽媽是用她自己的身體在喚醒我們一定要注意自己身體的健康。想想看媽媽一輩子非常好命，待人又非常好，從不與人計較，唯一可以讓她牽掛的就是她的子孫，在人生最後的這一段旅程，她用自己的身體讓我們清清楚楚的明白——健康是掌握在自己手上的。」

「昨天我小妹告訴我說，媽媽在白天意識模糊的時候說了一句話，她說——為了子孫，沒有關係的。一樣的，我剛剛也收到了類似的訊息，老天爺告訴我說你爸爸是用他自己來警惕你們不要喝酒。」

「那我爸爸說話很大聲的毛病可不可以改過來呢？」女兒問道。在她說話的同時，我的眼前閃過了一個畫面，「鐃鈸」，一種樂器。

「對不起，可能不太容易，因為他有一世是敲鐃鈸的樂師。」

散會之後，我覺得我解釋得還不夠，我應該教他們回去之後對著父親說——「爸爸看你醉成這個樣子，我絕對不會讓我自己步上你的後路。」也許，也許父親就清醒了。

因果輪迴轉世的問與答

＊自己的人生自己負責

美國北加州ＫＴＳＦ電視台，「話越地平線」主持人史東先生在台灣訪問我時，上節目之前問了我一個問題：「妳覺得現在的人最缺乏什麼呢？是對自己沒有信心嗎？」

「可以這麼說，可是我覺得更恰當的說法應該是——現代人缺少承擔的勇氣——他們不是沒有信心，而是不願意為自己的所作所為負完全的責任而已。一般人有一種很類似的個性，那就是，凡事只要可以藉由別人來解決的話，自己就懶得動腦、動手。萬一有了差錯，有可能會是這樣的一句話——那都是某某教我這麼做的！」

「我實在很想不通這一點，為什麼要別人為自己的前途做決定呢？命運掌握在自己的手上，要變好、變壞都操之在己，只要從自己的個性好好的改變起，眞的就能夠改變自己的命運。這一世或許看不到成果，但是到了未來世，一定會有收穫的。唉！只是現在的人大部分都太短視近利了，只求急功近利，完完全全的速食主義，哪有能耐、時間等到下一世呢？」

「妳也認爲改變個性確實可以改變一個人的命運。」史先生問道。

「那當然！這才是最正確的方法。在台灣有些人很迷信，以爲打坐、持咒、誦經、回向、超渡、改名字、改風水……才是改變命運的捷徑，卻不知道這完全沒有用。這個問題說來話長。我自己是通靈人，可是我卻把自己捐出去，讓高雄的凱旋醫院、台南的成大醫院、台北的榮民總醫院做實驗，爲什麼呢？」

「就是要淸淸楚楚的讓大家知道，知道眞的有因果輪迴轉世的存在，而因果輪迴轉世所根據的就是每個人隨身所配帶的黑盒子。這個黑盒子的啓動是從一個人的出生開始，當這個人斷氣的時候，它也就停止運作了。所以人死了之後做超渡、做回向、做一大堆自以爲對死者有幫助的善事，有用嗎？眞的對死者有用嗎？純屬多餘！慈悲、孝順都有了，但是智慧似乎還有待加強。」

「如果有效的話，那麼陳進興的太太只要多花一點錢，請多一點的師父爲陳進興做超渡，或者她自己多誦一點佛經回向給陳進興，那麼陳進興一定可以上西方極樂世界，就算他最後信奉了基督教，那麼也應當可以保送到天堂才對。如果眞是這樣子的話，你還會覺得老天爺公平嗎？」

問：爲什麼妳會規定半年內只能來參加三次的座談會呢？

答：我不太能接受那些一天到晚來找我問東問西的人，每次只要是看到熟面孔，我就會脫口說出：「你又來幹什麼呢？」雖然都已經說得這麼白了，可是他們還是會繼續來找我。不得已，只好想辦法應付——如果你是參加座談會的話，只要超過三次，我就不會再讓你發問。我實在是想不通，爲什麼會有那麼多人要這麼迷信呢？爲什麼不想想辦法，盡量靠自己解決問題呢？

爲什麼要這麼迷信？爲什麼就不能勇敢一點，自己動動腦，好好的思前顧後想清楚，在經過仔細的考量之後，勇敢的爲自己做出決定，做了決定之後，再勇敢的爲自己的決定訴諸行動，努力的向既定的目標前進。不管將來是成功還是失敗，行進之中隨時保持著清醒、不要用「混」的態度，應該調整方向的時候就調整方向，一定要學會有勇氣面對或承擔所有可能會發生的後果。

成功了，欣慰一下；失敗了，沒什麼好丟臉、見不得人的，但是，可別忘了好好的收拾善後。

問：如果我一直是個「宿命論」的支持者與實踐者，那麼我又該如何看待妳的〈命運是定數嗎？〉那一章呢？妳又能夠告訴我一些什麼嗎？

答：如果你說，你一直就是個宿命論的支持者與實踐者，那麼你需要努力嗎？又何必努力呢？當然了，你可以說你只是個水來土掩、兵來將擋、逆來順受的人罷了，那我倒是要問問你，你就眞的認爲命運是百分之百被老天爺「注定」了嗎？

如果你的答案是「是」的話，那我也就只好勸你一句話——「躺著等死吧！」

如果你說：「我只是隨緣，我並不強求。」

我會這麼說：「沒有錯，這條人生的道路從頭到尾都是一樣，沒有辦法改變，也就是說，就只有這麼一條路可以走，只不過，路上到處充滿了大大小小的石頭，你喜歡踢石頭，喜歡直直的走，但是我怕痛，爲了閃避石頭，所以我選擇彎彎曲曲的走。早晚我們都一定會走到盡頭，只是到了盡頭的時候，還好啦！你只不過是傷痕累累而已。」

如果你認爲命運不是百分之百被老天爺注定的話，那麼我應該這樣回答你：「既然你是宿命論者，你又認爲可能會有一點點的不定數，那麼你就應該把這一點點的不定數，也納入你的宿命論裡。也就是說，在『宿命論』這個理論的定義裡，它應該是這麼寫的——所謂的宿命論，它包括了百分之九十九被老天爺注定的命運和百分之一不被老天爺注定的不定數命運（假設你認爲只有百分之一是不被注定而可以改變的話）。」

「懂了嗎？縱然你是個宿命論的支持者和實踐者，但是你也一樣還有百分之一的機會可以努力、可以改變，不是嗎？如果你要放棄這百分之一的機會，套用我最常說的一句話送給你——那是你家的事。」

問：我相信絕大部分的父母都非常疼愛自己的小孩，像我就是一個例子，孩子出生的時候，就根據出生的時辰，請專家命名，順便也請教師父該如何教育這個小孩。等到孩子大了，又根據老師們的建議、算命師的指點來調整教育孩子的方向，可是來到了妳這邊之後，又出現了另一個答案，也許妳的答案對我們來說一點幫助都沒有，因爲說不定下一次再來找妳的時候，妳已經忘了上一次的話，又給了我們另一個答案。再說，也許妳的答案，小孩子根本就不能接受，那我們又該怎麼辦呢？

答：我認同你的話，每個父母都是想盡辦法希望自己的孩子能夠比自己更有發展更有前途，在教育他們的時候，也一定會用「當時自認爲是最好的方法」去對待孩子，我自己就是個過來人，所以我也才會把我自己認爲是很不錯的經驗提出來和各位一起討論一起分享。

平日我的作法是這樣的——我不會很雞婆的去管教別人的小孩，我只會告訴對方我自己的教育方式，至於對方會不會採納我的建議，那並不是我在意的答案，因爲彼此的孩子不同，父母也不同。

我希望你們能夠照自己的方式去教育你們的小孩，根據你們自己的了解與觀察去分析孩子們的個性，而施予不同的管教方式，並適時的加以調整，我覺得這才是眞正的答案。別的算命師怎麼算我不懂，而我的算法是根據這個人過去世的經驗累積而給您做的建議，我一再強調，我會的只是「因果」，而且還沒有辦法證明我一定是正確無誤的，所以，不要只是一味相信我的話，萬一我是錯誤的，那豈不是誤了您的小孩嗎？

我不會比您更了解您的小孩。我只是可以提醒您，根據過去世的種種，您的小孩可能會怎麼樣，不會怎麼樣，在日常生活中您可以特別去注意一下。如果眞有我所說的那些不妥的行爲，那麼您就要特別花心思去糾正，如果眞有我所說的潛在天分的能力時，那麼您不妨稍微栽培一下。但是別忘了兩句話——「江山易改，本性難移」、「小時了了，大未必佳」，就是因爲難改，所以才要您從孩子小的時候，就特別關照，不要因爲愛他反而害了他，就是因爲潛能，所以才更不易被發掘。

天生的潛能不是憑空而來，而是累世累積而來的，哪時候才是展現成果的那一世，我不知道，我們能夠賜予孩子們的也只是繼續幫他們累積他們的潛能而已，我們並不能期待開花結果一定是在我們這一世。這是非常重要的觀念——「前人種樹，後人乘涼」，我自己是這樣的——如果可能的話，我會盡量讓我的孩子去學習、去體驗……學習是沒有時空限制的，而成果也沒有極限。

問：很多人會問我一個問題，這些人常說，我的父母年紀很大了，又生病躺在床上，我看他們很可憐，不知道他們哪時候會走，我想如果他們能夠早點走的話，他們就不會再受折磨了。關於這點妳有什麼看法呢？

答：對於這種人，坦白說，我非常看不起他們，因爲我知道他們根本就不想照顧他們的父母，他們只是想早點擺脫這個責任，有的人甚至於是想爲了能夠早點拿到老人家的遺產。對於這一些人，我的朋友說了一句很中肯的話，她說了：「妳就告訴他們，只要是他的父母自己花光了屬於他們自己的財產，他們就會走的。」

話說回來，如果眞是有心，又該如何爲這些躺在病床上的人（不管是老人或是年輕人）減輕痛苦呢？趕快用他們的名義去做善事吧！設獎學金可以，濟助窮人可以，舖橋造路可以，認養孩子也可以……可以做的善事有很多很多，只是要不要做而已。千萬不要等到人都走了，才想要爲他們做超渡、做功德，這是沒有用的！太慢了！也來不及了！

因果的定義絕對是「蓋棺論定」的。趁著未斷氣之前，多行善積德才是上上之策，這一世或許享受不到，但在未來世這些功德永遠是屬於他們的。別忘了，也許就差這麼一點點的善行，害得雙方都在忍受煎熬。怎麼說呢？也許病患的業障還沒有還淸，所以他必須忍受肉體與靈魂的折磨；也許他的靈魂早就走了，只是肉體還在，那是照顧者對病患的業障尙未還淸；當然了，還有其他的種種的特例，例如：病患選擇親自體驗臥病的無奈與痛苦，爲的就是來世想做個有醫德有愛心的醫護人員。

問：只有這麼一點點的債權債務，就要再來轉世嗎？

答：對！一點都沒有錯，只要是有債權債務的關係，都要處理清楚。因果的還債方式，一般都是採取「先苦後甘」法，也就是「早還早了業」，欠越多越重的先處理。如果我說的因果故事，只有一點點的債權債務關係，那麼就表示你該淸償的債務很有限。繼續努力！你離升天的日子不遠了。

問：我的命怎麼會這麼苦呢？別人的因果故事，都只是欠一點點，爲什麼我和家人之間的每一個因果故事都那麼慘呢？爲什麼都是我在欠別人的債呢？可是實際的生活，眞的是如妳所說的那樣，我過得好辛苦、好累喔！老天爺爲什麼要這樣對我呢？難道祂們一點同情心都沒有嗎？

答：就是因爲祂們有慈悲心、有同情心，所以才會不忍心看妳痛苦好幾世。妳爲什麼不換個角度想一想這個問題呢？妳想，老天爺對妳有多好，祂們讓妳在這一世裡，就還淸了那麼多的債務，一世當做好幾世用。

＊婚姻的對象

問：我想知道婚姻的因果。（一個年約四十出頭的男士問道）

答：過去世……，因爲……，所以……。

問：妳指的是那一個呢？

答：假設我調到的資料是正確的話，如果你還沒有結婚，那麼我所說的，就是你命中注定的那一位老婆，至於將來你是不是眞的能夠和這個女人結婚，那我就不知道了，因爲注定的命運只占百分之六十，還有百分之四十，你可以改變。如果你已經結婚，那麼我所說的，就是指現在婚姻中的對象。

如果你是和百分之四十的對象結婚，那個對象，並不見得完全和你沒有因果關係，也許在這一世中，她和你的關係，只被安排在「朋友」而不是「配偶」。所以等到你結婚了，你再來問因果的話，也許我的答案又不一樣。因爲我現在所說的，是百分之六十注定的那一個故事、那一個對象，而不是可以改變的百分之四十。至於會是哪一個女人，成爲那百分之四十的人選，我不會知道，所以我很不喜歡爲未婚者服務，原因就在這裡。

注意一下，只要有百分之四十可以改變，那麼所有的算命師，都可以安心了，因爲將來的結果，只要和現在的預測不太一樣，那麼都可以這麼說：「因爲你走到了可以改變的百分之四十。」如果將來的結果，和現在的預測一樣的話，那麼，選擇性的記憶就會出現了。

問：可是我已經離婚了。

答：如果你已經離婚了，那麼我所說的，還是指離婚的那一個對象。

問：可是我又結婚了。

答：如果你又結婚了，那麼我所說的，就是指第二次婚姻中的這一個對象。

問：可是我又離婚了。（現場的朋友們開始笑了）

答：如果你又離婚了，那麼我所說的，還是指第二次婚姻中的這一個對象。如果你沒有說明的話，那麼我調出來的資料，一定是指最近「正式婚姻」的那一個對象，不管是在婚姻中或是已經離婚了。如果你是想問，還有沒有下一個婚姻的對象，那你就要說清楚，因爲那是屬於未婚的檔案，而不是已婚的檔案。

問：可是我現在又和另一個女人同居。（大夥兒笑得更大聲了）

答：那我可要說淸楚了，如果你和這個同居人有生小孩的話，那麼有了小孩，就表示有父母的存在，這時候，在因果觀念中就等於是夫妻，也就是因果故事中所講的對象。如果兩人同居但沒有生小孩，那麼就等於是未婚。

如果很不巧的，你不但有一個法律關係存在的正式配偶，而同居的女人也生了小孩，那麼在我的因果故事中，所指的對象又會是誰呢？這個倒是簡單，法律優先，一定是指法律關係中的正式老婆。

＊親生與領養

問：我想知道我和父母的關係。

答：過去世……，因爲……，所以……。

問：可是我有親生的父母，也有養父母。

答：如果你沒有指明，是要問親生的父母或問養父母，那麼我所說的，一定是指養父母，因爲「養」的功勞比「生」的功勞還要來得大。

＊欺騙

問：如果在交往的時候，對方騙我說，他還沒有結婚，後來我知道了，那麼在因果裡又該如何處理呢？

答：如果是他騙了妳，那當然不能算是妳的錯，但是他還是欠了自己的太太，同時也欠了妳。

問：如果我知道了之後，還是繼續和他交往，那麼又該如何呢？

答：那麼妳就錯了，只能說他錯在先，妳錯在後。如果妳是單身，那麼你們兩個人同時都欠了他的太太。換句話說，如果妳是有夫之婦，一開始就算對方騙妳說，他是單身，妳如果和他交往的話，那麼，針對妳自己的婚姻而言，妳就一定欠先生的債。

問：那我該怎麼辦呢？

答：做錯了事，就要認錯，就要改過，不要再繼續圓謊，更不要一錯再錯。好好的收拾善後，這一世能夠先還多少就還多少，免得到了未來世，本金加利息，要還一大堆。

問：有些人做事的時候，帶著「故意」的心態，又該如何處理呢？

答：欠債還債的因果，如果有牽涉到「故意」，那麼可就得小心了！因爲這種因果罪刑，常常是要加重處罰的。同樣的，有恩報恩的因果，如果是爲了利益對方，而「故意」行事的話，那麼它所帶來的果報，也會更甘甜。

假設一樣都是開車撞死人，有人是不小心撞死人卻渾然不知，還繼續開車離開現場；有人是不小心撞死人，雖然知道，卻還開車逃逸；有人是不小心撞死人，不但不逃離現場，還努力處理善後；有人不但是事後開車逃逸，事前還故意設計撞死人……。想想，這其中的差異很大吧！

再以母親遺棄小孩爲例，古裝戲中常常可以看到有些母親把無自衛能力的小嬰孩放在搖籃中，任憑搖籃在水面上漂流。像這種情形，就算後來這個小嬰孩被別人安全地救起來，對這個狠心的母親而言，老天爺還是把她當成是「害死了」這個小孩。因爲這麼小的孩子，只要稍微動一下，很可能就會溺水而死。

如果小孩眞的溺水死亡，而他又要來報復的話，在這一世裡，他往往就會帶著頭部或胸部的身體殘障而轉世，讓那一世裡的媽媽（通常在這一世裡，還是他的父親或母親，因爲爸爸、媽媽的角色是天職）親自來照顧他的身體病痛。如果小孩很幸運的被別人救起來，而他依然想要來報復的話，那麼在這一世裡，他一定會製造很多事端，讓那一世裡的媽媽，疲於奔命地爲他收拾善後。

在因果的判定標準中，「起心、出發點」是一個很重要的依據，凡事不能單憑最後的結果就下定論，必須「前因」與「後果」都愼重考慮之後，才可以作結論，判定誰是債權人誰是債務人。

同樣的，法律之前，人人平等，不能因爲你不知道有這條法律的存在，就可以沒有罪，就可以免去刑罰。再說，有些法律還有但書或施行細則的特殊規定，例如，執法人員如果知法犯法，得加重其刑責等等。在因果故事中怎樣判斷誰對誰錯？

問：因果故事中，我們怎麼去判斷誰對？誰錯呢？

答：一般而言，就是根據當時的法、理、情而做決定，所以有時候就會發生——「當因果碰到法律的時候，往往因果會贏」。爲什麼呢？因爲因果是建築在過去世的法律基礎上，過去世發生在先，所以過去世的法律優於這一世的法律。這是很耐人尋味的問題，有時候，令人想不透、料想不到的官司結果，如果能夠從因果的角度去思考、去研究，反而比較容易進入狀況，令人釋疑。在這特別的關鍵時刻，才更容易體會到「善有善報，惡有惡報，不是不報，時間未到」和「總有一天等到你」的眞正涵義。

因果輪迴轉世理論中，所謂債權債務的判斷標準，是以事件發生時那一個時空的法、理、情作爲依據，而不是用現在的行爲標準去衡量過去所發生的事實。你想想，總不能拿美國人的離婚要件，用在台灣人身上吧！

有些人常問我說：「請問，老天爺爲什麼不讓我們知道，我們的過去世是做什麼的呢？如果知道了，我們就會更加認識自己，才會有所警惕，要求自己一定要把過去世壞的習性改正過來。」各位讀者您以爲呢？我記得我以前曾經說過，如果讓做父母的事先知道肚子裡的胎兒，或者是剛出生的嬰兒是來要債的，您以爲所有的父母都會心甘情願的接受？都能夠懷著還債的心，乖乖的把孩子養大嗎？

想想，如果妳知道，妳就是慈禧太后來轉世，妳會改過嗎？我想，妳的日子只會更難過、更痛苦而已，因爲妳一定一天到晚想像著，昔日衆人伺候、天天錦衣玉食的日子。我實在很難相信，妳眞的會心甘情願的過今天這種布衣粗食的生活。

同樣的，我們就用這一世來解釋好了，一個黑社會的大哥大如果被抓進了監獄，你想他在裡面的日子會好過嗎？有幾個人能夠眞正的面對自己，省思自己過去的所作所爲呢？有幾成的受刑人洗心革面了呢？同樣的，一個養子如果不知道自己不是現在這對父母親生的話，那麼他也許還活得很正常、很踏實，如果他知道，他只是別人的養子，卻又無法查出親生父母是誰時，你想他的內心會怎麼想呢？如果查出親生父母是誰，而又不能相見時，他又該怎麼辦？他那顆懸在半空中的心，要到何時才能定得下來呢？

＊都是電視惹的禍

她大概有六十歲吧！想知道自己和先生的關係。

「在過去世裡，妳是個媳婦，而妳先生是妳那一世的公公，那時候你們家裡很窮，白天的時候，家中的大大小小，都要外出賺錢，只留下公公和妳看家。公公得了老人癡呆症，行動遲緩，妳這個做媳婦的，就是爲了照顧公公而被留在家裡。我看到公公斜躺在床上，妳端著飯碗正在餵他吃飯，可是公公常常吃得滿嘴滿臉，還掉東掉西的，妳看到這種情形，常常是一巴掌就往公公的臉頰打過去。等到晚上家人回來的時候，也沒人知道白天到底發生什麼事，因爲公公不會表達。」

「這是很嚴重的欠命，媳婦打公公，不對！更何況公公根本沒有錯。」

「只有錯這麼一點點而已，我就要還我先生那麼多。」

「啊！妳覺得只錯一點點而已，妳怎麼會有這樣子的想法呢？」

「現在的社會不都是這樣嗎？子女對父母講話大小聲，在家又不孝順，媳婦忤逆公婆……，現在的人，不都是這樣子嗎？電視不也都是這樣演的嗎？」她一副很不以爲然的表情。

這算哪門子的謬論？簡直就是強辯！她，年約六十，穿著得體，居然還會這麼說，我非得好好想清楚再出口，否則，等會兒下不了台的不是她，恐怕是我。腦海中才想著：「麻煩來了！」答案就浮出來了。

「我想妳的年紀應該超過五十歲了吧！我剛剛講的媳婦和公公的故事，是妳在過去世所發生的事情。如果我調的資料是正確的話，那麼這個故事，起碼是五十年前的事了。妳不妨想一想，五十年前台灣的社會，對於媳婦打公公這種情形，會怎麼看待呢？五十年前把父母送到養老院是大不孝的行爲，現在把父母送到養老院，卻是一種常態，這其中的差異妳聽得懂吧！」

問：要不要報恩？要不要還債？是怎麼決定的呢？

答：只要是債務人，他的預設值都是「要」，是「是」。

如果他傷害了別人，不管是欠命、欠情或欠錢，那麼他都是屬於「欠債還債」裡的欠債者，如果他是接受了別人的恩惠，那麼他就是「有恩報恩」裡的受恩者。不管是欠債者，還是受恩者，兩個都是屬於「債務人」的角色，而債務人是沒有選擇的權利，他就是被注定，一定「要還債、要報恩」。

如果債權人沒有說「不要還債」或「不要報恩」，那麼就表示在未來世裡，債權人主張債務人一定要來向他還債、要來向他報恩。

如果債權人在死了之後，向老天爺說：「我不要別人還債，也不要別人報恩！」那麼債權人就放棄了選擇的權利，他就不需要隨著債務人來轉世。這時候，原有的債務人又該如何處理呢？他們就沒有罪了嗎？錯！他們不管債權人如何主張，債務人一定得爲他自己做錯的事，負責還債；爲他接受別人的恩惠，負責報恩。既然債權人已經選擇放棄，債務人又該怎麼辦？

如果是屬於「欠債還債」，那麼就會走向天譴與劫數。如果是屬於「有恩報恩」，那麼就會走向有心報恩與無心報恩。

問：看到屍體該怎麼處理呢？

答：如果是傷害別人活生生的肉體，或是約束了別人行動的自由，那麼一定是「欠命」，欠命是最重的，所以如果走到「欠命」的話，那麼「欠情」、「欠錢」也都要跟著一起走。因爲傷害了別人的肉體，對方一定會很生氣，所以就會「欠情」。既然肉體受到了傷害，如果要醫治的話，勢必就得要花錢，所以就會「欠錢」。

如果是看到別人有危險，有能力救人，卻不救人，眼睜睜的看著別人受害或死亡，那麼是屬於「見死不救」，這是「欠情」再加一些「欠命」。

如果是看到屍體（不是你害死他的），卻事後處理不當，例如隨便把它移動位置，破壞了現場的狀況，或不通知相關單位來處理等等，那麼就是走到「欠情」。可是如果嚴重一點，例如擅自掩埋又不告訴警方，不僅妨礙警方辦案，影響死者的權益，另外又欠了死者的家屬，爲什麼呢？因爲你害死者的家屬找不到他們的家人。所以，以當今的社會環境而言，最佳的處理方式，就是維持現場，盡速報警。

如果對屍體不敬，例如盜墓，雖然你並沒有害死他，但是卻偷取了屬於他的東西，所以就會是「欠情」又「欠錢」。可是別忘了，這些墳墓裡的遺物，有時候應該是屬於他的子孫，所以盜墓者，除了欠死者「情」和「錢」之外，另外，又欠死者的家屬金錢。雖然這一世債權人的家屬，未必就是那一世的家屬，但是在這一世裡，當債權人（死者）的家屬，向債務人（盜墓者）要錢時，債務人往往就會拿給他。

也有人問：「那麼人死後，移動他的屍體、解剖屍體或器官捐贈，是不是對屍體不敬呢？」各位，您以爲呢？想想，假設當車禍發生的時候，有人被車子撞死了，請問一下，那些移動屍體的警方人員或殯葬人員，有罪嗎？發生了刑案，爲了明白眞相，替死者討回公道，那些解剖屍體的法醫，有罪嗎？爲了遺愛人間，死者在生前就立下了器官捐贈書，或由他的家人代爲捐贈，請問幫忙他們完成「大愛」心願的醫生，有罪嗎？

破劫法

如果有人告訴你，你即將有災禍臨頭，或者有人告訴你，你的房子沒有財庫……，當然了，也許會有人很好心地告訴你，這一次高考你一定可以金榜題名……。怎麼辦呢？對這些「好心人」的預言或警告，你該如何面對呢？是讓自己被牽著鼻子走呢？還是時到時擔當，沒米煮番薯湯？除非是真的給忘了，不然的話，十之八九的人總是在內心深處有了疙瘩，雖然不痛不癢，但就是怪怪的。好的、吉利的，也就算了；不好的、災難的，再灑脫的人也瀟灑不起來。

我們先來想想好命與勞碌命的定義，小時候，我的曾祖母總是一再地告訴她的子孫：「我告訴你們，人啊！就是要能吃、能睡、能動、能做，才是真正的好命！」她活到八十八歲，平日幾乎不曾聽她喊過這裡痛，那裡痛的，只有在最後幾年得了老年癡呆症，她老人家是在我進了社會之後才過世的。印象中，她一直都是自己清洗她個人的衣物，還要養雞、養鴨、養豬，照顧農作物的……，每逢遇到大年節或家族中有婚喪喜慶時，還要幫忙辦桌，裡裡外外地忙個不停。照常人的標準來看，她絕對是屬於勞碌命的，可是她卻按照她自己喜歡的生活方式過了一輩子。

爲什麼我會先提好命與勞碌命的界定問題呢？在我通靈的第一年，有一位打扮得體的貴夫人來找我，要我算一下她的大女兒。我答：「眞好命，妳的女兒有夠好命，菩薩一直告訴我說她眞的好好命。她什麼都不必操心，一生都是被人服侍得好好的。」這位婦人聽我這麼一說，突然哭了起來：「我女兒眞的是很好命，從出生到現在眞的是一直被人服侍得好好的！」我傻傻地看著她：「那麼妳哭什麼呢？」

「她是中度的智障，現在十二歲，我還和她班上男同學的媽媽談好了，將來等他們長大了，要把他們湊在一起，但不要讓他們生育。我們兩家的大人就輪流負責來照顧他們小兩口。」各位，您以爲呢？這小兩口是不是眞的好命透頂。自從這一次以後，每當腦海中出現「好命」的字眼時，我就好害怕，害怕說出口以後，菩薩祂們又會有另一番新的解釋。只要有人很殷切地問我：「你看我的小孩，將來好不好命呢？」我總是會不厭其煩地告訴對方以上的故事。

知道嗎？這麼多年來的經驗，讓我深刻地體會到，平凡！平凡！只要平凡就是最大的福氣了。如果擔心有「血光」，不妨先去捐血。如果擔心有「車關」，亦可去捐血，或者去幫助那些因車禍受傷的人。看倌們您可別反駁我說：「我又哪會知道有誰車禍受傷了呢？」我有一位朋友的父親，只要他的經濟許可，他就往醫院的急診室走走看看。如果探知有人繳不出費用，他就會對櫃台小姐說他是患者的家屬，替對方繳了錢後，就走人，不留下姓名等的任何資料。

還有「柯媽媽」基金會，不也是需要大家的幫忙嗎？

如果被直斷「沒子命」，這個可就事情大條了，如果再加上多年不孕，東拜西求的卻也總是不見效，通常就會更深信不疑了。「沒子天注定」這一口氣眞是嚥不下。首先必須要有心理準備，來了個子嗣，到底是來報恩呢？還是來討債呢？如果一古腦的以為只要能生個一男半女就好，那我也沒轍。我總是勸人家，要生就要生好的，但是天底下哪有這麼好的事，可以專撿便宜呢？

我倒是常教對方一個方法，先去認養小孩，例如到各縣市的家扶中心、世界展望會……

等，認養幾個需要幫助的小孩，或者是利用假日帶些一般小孩子們需要的東西，一同與孤兒院的小朋友共度休閒時光。相信我，老天爺的心是很軟的，看你們夫婦倆都這麼愛小孩，這麼有心，就算你們原本眞的是無子命，但是凡事沒有絕對的，祂們也會爲你們申請，申請一個好小孩，讓你們去照顧，讓你們去圓緣。

如果小孩子原是預定來轉世，並且是要來向你們討債的，在另一時空中，看到你們是如此地誠摯，如此地付出，我想或多或少他也會先降低他的敵意，再心甘情願地來轉世。懂嗎？既然是欠人，那麼就早點還，道理是再簡單不過了。同樣的，如果孩子已出世，卻被預言說，這個孩子不好帶，是來要債的。別擔心，還是那一句老掉牙的話──早還早清早了業。

我會勸孩子的媽媽，可能的話辭掉工作，自己帶小孩。古人說：「養兒方知父母恩」，眞的是一點都不假，自己一手帶大的小孩，做爲爸爸媽媽的比較容易了解孩子的個性，孩子也比較不容易變壞。不過，這眞的是很難做決定，因爲如果想要自己親手撫養小孩子的話，就算經濟沒有問題，但是做爲媽媽的，可能就會喪失了好多好的機會，等過了一陣子之後，想要再出來重新找個工作，也不是一件容易的事。

話雖如此，每一次碰到有這種命運的父母，我還是不厭其煩慢慢地說明給對方聽。與其等將來孩子長大了，變壞了，再來煩心，再來還債，倒不如趁孩子還小的時候，用另一種親自撫養的方式來償還。這種方式，一樣要花時間，一樣要花心血，只會更累，而且一點也不輕鬆，所不同的就只是償還的時間前後不同罷了。這一招，眞的是有效。但是如果你問我：「我又哪會知道孩子是來要債？還是來報恩的呢？」各位，您覺得這個問題重要嗎？如果是來要債的，我勸你如此做；如果是來報恩的，將來孩子對你的回報只會更多。

順便一提，生了就要養要教，懷了就要生，不懷就要小心行事，不要輕易傷害一個生命。不要說懷孕幾個月以後，靈魂才會進入小嬰兒的肉體，千萬不要相信這些話而率性墮胎。

至於有沒有嬰靈，我不淸楚，但是我總是被告知，那些小嬰兒，個個都是天使，有專人在照顧著，等待著屬於他們各自的時刻到來，再投胎轉世。祂們非常非常不願意看到人類的靈魂是帶著怨恨的心態來轉世的，更何況肚子中的胎兒們又沒有錯，爲什麼要平白無故地傷害他們。再怎麼說，他們都是一個生命。

如果拿掉胎兒的父母，心有愧疚，請一樣懷著懺悔的心，將這一份對孩子的思念讓別的小孩來分享，讓一些需要被愛的、活生生的小孩分享你的愛。不要問我墮胎有沒有罪，只要問一問墮過胎的人，就算嘴巴再硬，你還是可以隱隱約約地看得出來他們內心的酸楚。

如果是「破財」，錢財人人愛，破財怎麼辦？首先先要假設破財是爲了消災，如果金錢能夠解決厄運，那還有什麼問題，更何況還有財可以破。但是擔心的就是沒錢了還被騙，或者是破財了還要被他人取笑，說自己是個大傻瓜，實在是心有不甘。所以在未破財之前，不妨先去捐錢，贊助公益團體或機關，花小錢，賺大錢，絕對划得來。

但是請不要這麼現實，我總是希望如果您經濟許可的話，爲自己訂下一個標準，將淨收入的百分之幾拿出來幫助眞正需要幫助的人，不是只有一次，而是將這種行爲變成你生活的一部分。如果說許願捐個十萬就可以破劫，我不贊同一次就捐出十萬，我反而會勸人一次捐一千或兩千，每個月固定捐獻，如此一來就可以將它變成一種習慣，另一方面，也時時刻刻提醒自己要常常關懷別人，感恩別人。

我相信，這種無所求的奉獻心態，就連魔鬼也不敢惹你，因爲無私、公正的人，他的磁場絕對不是可以輕易被侵入的。就算是前世欠下的，也比較容易大事化小，小事化無。當然了，在這現實的社會中，一定要張大眼睛，小心行事。否則在這個社會中騙人的手法還眞是不少。想一想，如果奉獻錯了地方，那豈不是助紂為虐嗎？

大學剛畢業那年，我看了一本介紹摩門教的書，我才知道他們很注重家庭生活，而且規定每個人要將收入的十分之一貢獻給教會，做為教會用來做社會服務的基金。這條規定吸引了我。從此，只要我有薪水收入，我就將其中的十分之一捐給孤兒院。對了，想起來了，怪不得我的三個孩子，都相當好帶。

在民國七十幾年，房地產大漲之前，我預訂了一間房子，結果一年後脫手，我發覺我只繳了一百萬，卻拿回了三百五十萬，獲利了兩百五十萬。於是我將其中的五分之一（五十萬），捐給了創世植物人安養院。事後家人很不諒解，但站在我的立場，我是這麼認為的，這些錢也不是我勞心勞力賺來的，是整個社會的經濟局勢改變所賜給我的利益，所以捐一些出來與大家分享，又有何妨呢？

後來又發生了一件事。那是我祖母的娘家分財產，結果要我們這些兒孫蓋章，對方說會包個紅包給我們。其實打從一開始我們就是認為蓋章就好，哪需要拿什麼紅包的習俗。沒想到紅包到手的時候，才知道裡面包了四十多萬。於是我自己再加入了一些錢，將它湊成五十萬，捐給了學校。各位，看到這裡，你一定以為我是個富婆，錯了，我很愛財，但卻是一個不會理財又不貪財的人罷了。想想，我的祖母已經死了三十多年了，我還有這個福份能夠拿到她老人家的錢，這難道不是天賜之財嗎？爲什麼我就不能把祖母的愛心擴大，讓更多的人能享受到她的遺澤呢？

沒有財庫，守不住財又該怎麼辦？既然是自己沒有財庫，那就只好拜託銀行的保險櫃了，千萬不要去跟會，不要買股票，不要投資房地產……。反正就乖乖地存在銀行，就算幣值會變薄，損失也是有限。不過還是要再注意一點，一定要找有信用，穩固的大銀行，而且是要辦定存，不是辦活存。

如果沒有偏財命，而偏偏又有破財命（財運不穩），那首先一定要先學會認命一點，盡責的當個公務員。在這之前，還必須先付出精力考上公務員的資格考試，然後認認眞眞地上班，否則也許會被炒魷魚的還是這個倒楣的人。如果考不上公務員，那麼也要盡量去找個大公司行號上班，例如台塑、台積電……等。說穿了，還是得努力，更加努力地去找大靠山、大雨傘。

當然了，關於這方面的還有好多好多，不過，我相信各位一定可以舉一反三。有一點比較特別的就是常會有人說：「你死去的祖先缺錢用！你們做子孫的要燒一些給他們，當然是越多越好，這樣子，他們就會比較好過日子，也才會保佑後代的子孫平安賺大錢。」爲了這一些話，我們這些做爲後世子孫的，就該學會爲自己的死亡負責，在有生之年好好做人，好好做事，不要也讓自己的後代子孫，還要爲死去的我們在煩惱、在操心，這多差勁！多沒面子！

有沒有想過，如果祖先已經轉世了呢？如果祖先在地獄裡被關，就算有錢，他能夠出來享用嗎？如果一樣是在地獄裡，但是沒有被關，那麼那邊的世界所用的「錢」，眞的就是我們燒給祂們用的這一種嗎？注意一下，台灣北部和南部印刷的紙錢就長得不太一樣，那大陸那邊如果不燒紙錢，他們的祖先又該怎麼辦？一樣是中國人喔！好了，就算地獄眞的是需要用「錢」的地方，那麼如果祖先是在天堂，天堂不是想什麼就有什麼嗎？那還用得到紙錢呢？如果沒有子嗣的人，那又該怎麼過活呢？

所以站在我的立場，我無法爲死者做些什麼，我只能請他們自己自力更生，因爲我知道他們的存在，但是我卻眞的不知道他們的世界是怎麼一回事。我只好盡量要求自己修得好，不讓祖先丟臉，不讓祖先憂心，我想這比我燒紙錢給他們更有意義。不過我絕對會想念他們的，不管他們是好是壞（好的我學習，壞的我做爲警惕），因爲沒有他們，就絕對沒有我的存在，這是永遠不能否認的事實。在「下面」的他們，我想他們眞正擔心的是在世的後代子孫，能不能從他們身上學到教訓，及時改過，立志向上。

我不是不尊重死者，就是因爲知道他們的存在，所以我才更加了解到慈悲與智慧的重要。祂們一再地告訴我，要我淸淸楚楚地明白，不管在那一時空，都必須學習，都必須服務，學習與服務是永無止境的。天堂是如此，西方極樂世界亦是如此。

「志工」當個願意眞心付出的志工，這是一個非常容易破劫的招數，這個社會上，可以讓我們付出心力的地方實在是太多了。只要你有心，只要你肯付出，老天爺不是沒長眼睛的。別等業障現前了，才想到要破劫，要行善，這似乎就稍嫌晚了一點吧！

就好像平日悠哉游哉地，等到發生火災了，才拚命想到底滅火器、消防設備放在哪裡了呢？就算找到了，卻又不知道該如何操作，這樣子來得及滅火嗎？不被燒傷就很不錯了。古人曰：「勿臨渴而掘井」，不就是這個意思嗎？雖是如此，但也不能說就眞的是太晚了，因爲我們又怎麼會知道過了這一劫就沒有下一劫呢？過了這一世就沒有下一世了呢？

轉世過程的原則是永續經營的，所以行善積德永遠不嫌遲，不嫌多。

再來說點吉利的，如果有人說你的兒女會考上公立大學，好吧！就這樣天天望著天花板，天天吃喝玩樂，我們就來印證一下，看看公立大學的榜單上會不會有貴子弟的大名。不要忘了，一句至理名言「天下沒有白吃的午餐」。好吧！我們姑且再假設如果眞的考上了，但是這一回我可以百分之百的保證，貴子弟一定讀得很辛苦，搞不好，第一個學期就被當了，就被退學了。有沒有人懷疑，爲什麼當初算命的不說淸楚，只預言了一半呢？沒辦法，這是人之常情，一般人總是喜歡聽美言，算命的也是一個心理學家，他也只不過是投各位之所好而已，又怎能怪他只報喜不報憂呢？

有福有禍，有喜有悲，這才是人生，才是彩色的人生。雖然出生的時候，輪廓早已成型，但色彩是我們自己加上去的，筆和顏料，每個人都有，成品是黑白還是彩色，就各憑本事了。唯有經過努力並且付出的成就，才會更加珍惜，唯有小心謹愼躲過的劫數，才會永生警惕。當我爲人服務時，我常會在紙上印著：

菩薩非萬能，指示非仙丹

天下更沒有白吃的午餐

唯有永無止息的修身、行善、積德才是萬寶良方

母語

那一天，報紙上很熱鬧，因爲爲了教改的問題，一大堆人議論紛紛的，爭論誰對誰錯，要改不改……總之，這幾年來，這類相關的問題害慘了許多考生，也害慘了許多老師和家長，最沒有受到傷害的，是那些想到什麼就發表什麼、就做什麼的學者和高官們。

我的三個小孩都躬逢盛會，不過我有先見之明，這來自我多年來觀察的結果。我對孩子們說：「不管教育當局要怎麼改，反正一定還是那一套，因爲總共也只有這麼一套而已。那一套呢?朝令夕改，四個字而已。既然是朝令夕改，我就以不變應萬變，全交給老師去處理。老師怎麼說，你們就怎麼做，我不必跟著起舞，因爲老師們比家長還有升學的壓力存在。我只負責出錢，要報名要繳費找我就是了。至於補習的事，一概免談。沒本事考上公立的，你們就想辦法半工半讀，自己賺錢繳學費，因爲我的錢絕對不夠讓你們去念私立高中。」

我才不會像教改會那樣七改八改，還改不出個所以然來；我也不會像一般家長跟著教改會窮緊張，我只負責抓出大原則來，其他的就由孩子們自己去奮鬥了。這是我一貫的處事態度。

隔天的早上，才六點出頭而已，我開著車，行駛在台北的信義路上，想著昨天報紙上有關教改的新聞——教改沒有讓孩子們的書包減重，反而因爲要學習的課程太多，而要家長幫忙做；母語音標教學更加重學生負擔；城鄉教育資源不平衡；鄉土語言教材混亂百出；一味的重視課程而忽略了人格教育⋯⋯種種的問題讓我們的孩子早已成爲教改的白老鼠了。

當我的心中想著「一味的重視課程而忽略了人格教育」時，突然有「人」跑來湊熱鬧了。「母語」！什麼事呢？母語又怎麼樣了呢？「修女」、「天語」、「你和我」，什麼啊！就只給我七個字就要我自己解答，還說看我的反應如何。

「修女」、「天語」和母語又能夠扯上什麼關係呢？就算沾上一點邊，和教改又有什麼關係呢？更莫名其妙的是「你和我」又如何呢？各位請問你能否在五秒內想出這七個字和教改有什麼關係呢？也讓你和我一起分享一下祂們是如何訓練我的。

如果我想對了，祂們不見得會說我對，但是如果我錯了，眼前就會出現一個黑色的叉叉，絕不會再多說什麼。有時候，就連叉叉也不見了，根本就不管我是對還是錯，完完全全讓我一個人獨自去思考、摸索。祂們就是這樣「放手」訓練我的思考能力的。而當祂們考我時，通常也是這種模式。不但講求正確，還要求速度。

目前執政當局非常強調母語（鄉土語言）教學的重要性，問題是教材編得一團亂，老師抓不到重點，學生也跟著昏頭轉向。我是台灣人，祖先大約是兩百年前從對岸的福建省同安縣過來的。那時候是第十二代的一個媽媽帶著第十三代的一個兒子，母子二人躲在船艙裡，非常落魄的來到了台灣（我娘家的家譜保存得非常完整）。在大家族中，我是排行第二十代的。平日在家中我們都是講台語，因爲老人家很多，而台語也確實是非常美麗的語言。

直到孩子們出生了，爲了閱讀的方便、知識的吸收，只好一開始就教孩子們講國語，而我從來也不覺得直接就教孩子們說國語有什麼不對。後來，因爲看電視的關係，還有和阿公阿嬷溝通的關係，孩子們自然而然的就學會了一般常用的台語生活對話用詞。有時候，大夥兒聚在一起時，還會研究某些字句的台語該怎麼發音才對，舉個例，「長頸鹿」這三個字如果用台語發音，該怎麼說呢？

「修女」兩個字，我想到了神父，馬上又聯想到一些離鄉背井，默默在台灣東部為原住民或弱勢團體服務的外國修女和神父，這些只知道「付出」的神職人員，他們來自的國家難道會比台灣更落後嗎？我並沒有看到他們強迫這些「被他們服務」的人們一定要學習他們的語言，我反而看到他們為了服務人群，放下了身段，自己花時間、精力，努力的學習「被服務者」的語言。難道說他們自己國家的語言不美嗎？他們不喜歡自己的母語嗎？他們想要背叛自己的國家嗎？不！我相信絕對不是這樣的！

「天語」，什麼是天語呢？那是和老天爺溝通的一種語言。「你和我」，又是什麼意思呢？當我意會到答案時，才知道那些修女、神父，一個個都是大菩薩。眼眶紅了，我差多了！眞是見笑了！

當菩薩下來服務時，也許祂們必須透過通靈人才能有所作為，一般而言，祂們應該比在人世間的我們高竿許多，可是就我的經驗，祂們從來就沒有要求我要先學會祂們的語言之後才讓我通靈，祂們總是用我能夠理解的方式讓我很快的進入狀況。

祂們對於我和祂們之間溝通的管道，一直就是以我為主。所以在我的通靈過程中，從來就不曾有過什麼拜拜儀式、持咒、打坐、吃素、念經、畫符、超渡、梵語、天語等等的學習過程，也就是說從十一年前直到現在，我還是我，外表的我還是一樣，和一般人完全沒什麼兩樣，不帶佛珠、不穿鳳仙裝、不裝神弄鬼……，走在大街小巷，沒有人可以從我的外表聯想到我的職業。

祂們是這麼說的——當你有了服務的熱誠時，「霸氣」自然就不見了，取而代之的就只是「肚量」而已。

祂們是這麼說的——心量有多大，世界就有多大！

我好欣賞祂們的胸襟，與你共享！

人生新境

●本書目定價若有調價，以再版新書版權頁上之定價為準●

(1)缺憾的超越	李翠玲著
(2)行為的新境界——理論與應用	游伯龍著
(3)心戰——現代人的掙扎與突破	張小鳳等著
(7)相愛一生——談夫妻相處之道	梁竹君譯
(8)改變思維改變你	李普生譯
(9)富而好理	黃美姝譯
(10)生活一〇一	李普生譯
(11)腳冷時別買帽子——做自己生涯的決策者	吳傑民譯
(12)拒絕的真諦	李鴻長譯
(13)邱吉爾演講術	方美玲譯
(15)給兒女的一封信	彭淮棟譯
(16)財富一〇一	彭淮棟譯
(17)活出自己的如來	鄭石岩著
(18)心的挑戰	傅佩榮著
(19)四十不晚：中年追夢族的故事	李梅蘭著
(20)生活贏家：成功的 118 條策略	莊安祺譯
(21)情緒的管理——如何增進你的 EQ	何灣嵐譯
(22)打開心中死結	鍾尚熹譯
(23)生機換生機	李秋涼口述

更詳細之簡介，請上聯經網站：http://www.linkingbooks.com.tw

伶姬作品集

如來世4：因果論二

2005年6月初版 定價：新臺幣300元
2016年6月初版第五刷

著者 伶姬
總編輯 胡金倫
總經理 羅國俊
發行人 林載爵

出版者 聯經出版事業股份有限公司
地址 台北市基隆路一段180號4樓
台北聯經書房 台北市新生南路三段94號
電話 (02)23620308
台中分公司 台中市北區崇德路一段198號
暨門市電話 (04)22312023
郵政劃撥帳戶第0100559-3號
郵撥電話 (02)23620308
印刷者 世和印製企業有限公司
總經銷 聯合發行股份有限公司
發行所 新北市新店區寶橋路235巷6弄6號2F
電話 (02)29178022

叢書主編 林芳瑜
校對 鄭秋燕
謝惠鈴
封面設計 古其創意

行政院新聞局出版事業登記證局版臺業字第0130號

本書如有缺頁，破損，倒裝請寄回台北聯經書房更換。 ISBN 978-957-08-2876-4 (平裝)
聯經網址 http://www.linkingbooks.com.tw
電子信箱 e-mail:linking@udngroup.com

國家圖書館出版品預行編目資料

如來世4：因果論二 / 伶姬著.
--初版.--臺北市：聯經，2005年
360面；14.8×21公分.(伶姬作品集)
ISBN 978-957-08-2876-4（平裝）
[2016年6月初版第五刷]

1.因果(佛教)-通俗作品

225.87 94008791